ACCESO GRATIS *a la Lectura en la Nube*

Para visualizar el libro electrónico en la nube de lectura envíe junto a su nombre y apellidos una fotografía del código de barras situado en la contraportada del libro y otra del ticket de compra a la dirección:

ebooktirant@tirant.com

En un máximo de 72 horas laborables le enviaremos el código de acceso con sus instrucciones.

La visualización del libro en **NUBE DE LECTURA** excluye los usos bibliotecarios y públicos que puedan poner el archivo electrónico a disposición de una comunidad de lectores. Se permite tan solo un uso individual y privado.

ESPECIALIDADES EN MATERIA DE SEGURIDAD SOCIAL DE ARTISTAS Y OTROS PROFESIONALES DEL SECTOR CULTURAL

Colección Laboral
(Fundada por IGNACIO ALBIOL MONTESINOS)

Consejo científico:
JOSÉ MARÍA GOERLICH (Director)
ÁNGEL BLASCO PELLICER
JESÚS R. MERCADER UGUINA
FRANCISCO PÉREZ DE LOS COBOS ORIHUEL
REMEDIOS ROQUETA BUJ

Procedimiento de selección de originales, ver página web:
www.tirant.net/index.php/editorial/procedimiento-de-seleccion-de-originales

ESPECIALIDADES EN MATERIA DE SEGURIDAD SOCIAL DE ARTISTAS Y OTROS PROFESIONALES DEL SECTOR CULTURAL

María José Aradilla Marqués

tirant lo blanch
Valencia, 2025

Copyright ® 2025

Todos los derechos reservados. Ni la totalidad ni parte de este libro puede reproducirse o transmitirse por ningún procedimiento electrónico o mecánico, incluyendo fotocopia, grabación magnética, o cualquier almacenamiento de información y sistema de recuperación sin permiso escrito de la autora y del editor.

En caso de erratas y actualizaciones, la Editorial Tirant lo Blanch publicará la pertinente corrección en la página web www.tirant.com.

© María José Aradilla Marqués

© TIRANT LO BLANCH
EDITA: TIRANT LO BLANCH
C/ Artes Gráficas, 14 - 46010 - Valencia
TELFS.: 96/361 00 48 - 50
FAX: 96/369 41 51
Email: tlb@tirant.com
www.tirant.com
Librería virtual: www.tirant.es
DEPÓSITO LEGAL: V-546-2025
ISBN: 978-84-1095-076-4
MAQUETA: Tink Factoría de Color

Si tiene alguna queja o sugerencia, envíenos un mail a: *atencioncliente@tirant.com*. En caso de no ser atendida su sugerencia, por favor, lea en *www.tirant.net/index.php/empresa/politicas-de-empresa* nuestro procedimiento de quejas.

Responsabilidad Social Corporativa: http://www.tirant.net/Docs/RSCTirant.pdf

Índice

I. Introducción

La protección social del colectivo de "artistas" ha sido objeto en los últimos años de un goteo de reformas legislativas resultado de una larga etapa de reivindicaciones del sector de la cultura.

Ya en 2007 la ley señaló la necesidad de abordar una reforma, quizá integral, de los aspectos laborales y de Seguridad Social que son aplicables a la figura del artista que presta su actividad como tal en espectáculos públicos. Concretamente se estableció que el Gobierno procederá, en el plazo de un año, a la actualización de las normas que regulan la relación laboral de carácter especial de los artistas en espectáculos públicos y del régimen de Seguridad Social aplicable a los mismos, a fin de facilitar la generación de carreras de cotización con la menor intermitencia posible y de adecuar dichas normas a las nuevas modalidades de prestación de servicios (DA 15ª Ley 40/2007).

Dicha encomienda no tuvo reflejo normativo inmediato, por lo que en aquel momento se repitieron con cierta continuidad las iniciativas parlamentarias tendentes a mantener vivo este debate[1]. Por su parte, también el sector permaneció insistentemente reivindicando, entre otras cosas, una normativa socio laboral que se adapte con mayor concreción a las peculiaridades de la actividad del artista[2].

---

1 Desde la proposición no de ley recogida en BOCG, Congreso de los Diputados, Serie D-275, de 20 de octubre de 2009, hasta las preguntas al Gobierno sobre el cumplimiento de la DA 15ª de la Ley 40/2007, realizadas con posterioridad y desestimadas (puede verse en 2013, BOCG, Congreso de los Diputados, Serie D-245 de 25-3-2013, 161/001493 y en 2015, BOCG, Congreso de los Diputados, núm. 663, de 12-5-2015 y núm. 686, de 18-6-2015, 184/072739 y 184/074502 respectivamente).

2 Puede verse al respecto el Estatuto del Artista y del Creador, Documentos sectoriales de análisis de la situación y propuestas de mejora, versión 2012, en https:/1/avvac.wordpress.com/2013/03/21/estatuto-del-artista-2012.

Pero el verdadero punto de arranque se sitúa tras la publicación del Informe de 6 de septiembre de 2018 para la elaboración de un Estatuto del Artista, fruto del trabajo de la subcomisión parlamentaria constituida para trabajar sobre la elaboración de dicho documento[3], y a partir del cual se provocan por fin y se producen múltiples intervenciones legislativas que reforman y actualizan el régimen de protección social de los artistas, alcanzando también a técnicos y auxiliares que les acompañan, a cuyo acercamiento y análisis se destina este trabajo.

Tras el citado Informe, con cierta inmediatez se publican las primeras normas, por un lado, el Real Decreto-Ley 26/2018, de 28 de diciembre, por el que se aprueban medidas de urgencia sobre la creación artística y la cinematografía, que además incorpora diferentes reivindicaciones fiscales, y en desarrollo de su disposición final segunda el Real Decreto 302/2019, de 26 de abril, regularía un régimen propio de compatibilidad de la pensión contributiva de jubilación y la actividad de creación artística; desde entonces y hasta la fecha de salida de este trabajo, se ha seguido profundizando, incluso se ha derogado el citado Real Decreto para ser integrado en el texto refundido de la principal norma reguladora de la Seguridad Social (RD-Leg. 8/2015, de 30 de octubre, LGSS). Aspectos más recientes, como la regulación de un específico régimen de jubilación activa y una particular protección por desempleo, permiten mantener que se ha avanzado mucho en lo que todavía sigue siendo un régimen en construcción, como podrá apreciarse.

Además, en la medida en que las intervenciones legislativas se han ido produciendo a goteo, han provocado también cierto desorden y dispersión normativa sobre todo porque han de armonizarse con las viejas normas de integración de los años 80 aún vigentes en aspectos trascendentales; todo ello lleva a la necesidad de un tratamiento

---

[3] BOCG, Congreso de los Diputados, Serie D-373, de 20 de junio de 2018.

sistemático unitario, ya sea o no creando un sistema especial de seguridad social, pues ya los márgenes de los más recientes han superado las indicaciones del art. 11 LGSS, y lo importante, sea cual sea la terminología que se utilice, es la necesidad de dedicarle una sección o capítulo específico dentro de la LGSS a todas las especialidades que rodean al colectivo, que debería de quedar perfectamente identificado, especialmente porque las medidas surgen a goteo y el campo de aplicación en cada una de ellas no es siempre coincidente.

II. Las necesidades del colectivo de artistas, reformas y normativa aplicable

Entre las peculiaridades que presenta este colectivo y que lo hace más vulnerable en la consolidación de derechos socio-laborales, se encuentra la intermitencia o discontinuidad que caracteriza su prestación de servicios, trabajos de naturaleza temporal cortos o muy cortos, o con cierta continuidad pero siempre condicionada a la acogida y aceptación del público, y diversas actuaciones concretas para distintos empleadores que en ocasiones no son uniformes durante el año, sino que suelen aparecer más concentradas en determinados periodos del año. Para algunos de estos empleadores se trata de una contratación aislada y posiblemente en muchos casos muy diferente en comparación con la relaciones que pueda mantener con otro tipo de personas trabajadoras, y el cumplimiento de la normativa laboral y de Seguridad Social puede suponer cierta complejidad; para la persona artista, esta intermitencia supone una discontinuidad de su carrera de cotización y de sus periodos de alta en el Régimen general, que vienen alternándose continuamente con periodos de inactividad y baja en el sistema de Seguridad Social, dificultando por ello el acceso a las prestaciones.

Y en esta natural intermitencia los periodos de no trabajo son además de períodos de búsqueda de empleo, de preparación para próximos eventos, de ensayos, de formación; el ejercicio profesional de actividades artísticas requiere de esta dedicación, por lo que se abordan soluciones que permitan la continuidad en situación asimilada al alta como los llamados periodos de inactividad, que se abordará más adelante.

Cierto es que estas peculiaridades en su prestación de servicios son ya tenidas en cuenta en la normativa originariamente aplicable; tanto el régimen jurídico laboral como el de protección social ya parten de esta situación e intentan adaptarse a ella. Así, desde el punto de vista estrictamente laboral, justifica la regulación de una relación laboral de las llamadas "especiales", y desde el punto de vista del régimen de protección de la Seguridad Social, explica la regulación y mantenimiento de una serie de especialidades frente al régimen común. Ahora bien, resulta evidente que ante el paso del tiempo tales especialidades no eran ya suficientes o resultan inadecuadas para garantizar la efectividad de sus derechos sociales y laborales como se pone de manifiesto en el Informe de la subcomisión parlamentaria citado.

A mayor abundamiento, el carácter fugaz de la figura del empleador en esta relación ha supuesto en la práctica el abono para la extensión de irregularidades formales o malas prácticas a las que el propio artista se ve abocado, bien como falso autónomo, bien mediante la utilización de figuras empresariales que surgen y nacen con la única pretensión de dar legalidad formal a estos colectivos a través de conductas de fraude (ALTÉS, 2018); irregularidades que redundan tanto en el corto como en el largo plazo, en una deficiente protección social. Ante esta realidad, la norma se muestra insuficiente para garantizar la tutela como trabajadores por cuenta ajena y la efectiva protección de sus necesidades sociales básicas ante situaciones protegidas por el sistema de Seguridad Social como la incapacidad para trabajar ante una situación derivada de enfermedad o accidente, o el mismo acceso a los permisos y correlativas prestaciones por nacimiento y cuidado de menor y en general todas aquellas destinadas a los progenitores, además de la protección por desempleo e incluso la jubilación.

La regulación de la relación laboral especial data de 1985 y entre las reivindicaciones del sector se encuentra la de actualizar dicha regulación que efectivamente requiere de mejora en muchos de sus aspectos (ALZAGA, 2017), para lo cual ya expresamente se introdujo un compromiso en la disposición final tercera del Real Decreto-Ley 26/2018, que señalaba que el Gobierno procedería en tal sentido en el plazo máximo de seis meses, encomienda que ha ido retrasándose ante el surgimiento de diferentes escenarios como el retraso en la formación de nuevo Gobierno en 2019, y la inmediata situación de pandemia que, no obstante, dio lugar como es sabido durante 2020 y 2021 especialmente, a una normativa de protección y escudo social coyuntural y de urgencia que se generó también para el sector cultural, como se tratará. Por lo que respecta a la actualización de la relación laboral especial, se da un paso importante mediante el RD-Ley 5/2022 de 22 de marzo, por el que se adapta el régimen de la relación laboral de carácter especial de las personas dedicadas a las actividades artísticas, así como a las actividades técnicas y auxiliares necesarias para su desarrollo, y se mejoran las condiciones laborales del sector.

Las modificaciones introducidas por este RD-Ley 5/2022 en el RD 1435/1985 son importantes en tanto que se moderniza una norma que había quedado obsoleta en aspectos trascendentales como el campo de aplicación, que se amplía para acoger tanto a otros colectivos del sector cultural afectados por la misma situación de intermitencia en la prestación de servicios, como son los técnicos y auxiliares que participan en las actividades artísticas, como para acoger otras más modernas formas de llevar a cabo dichas actividades que la tecnología permite y fomenta. Por otro lado, y estando tan reciente la reforma laboral de 2021 acometida por RD-Ley 32/2021 que, apuesta firmemente por la eliminación de la temporalidad y el fomento del contrato indefinido, era necesario también acometer las actualizaciones necesarias en el citado RD respecto de la contratación esencialmente temporal de este colectivo.

En cuanto a las peculiaridades en materia de Seguridad Social se abordaron inicialmente mediante la creación del ya desaparecido Régimen Especial de Artistas, en la década de los años 70, que se reguló inicialmente por Decreto 635/1970, sustituido después por Decreto 2133/1975, de

24 de julio. Si bien, tales especialidades respecto al régimen común de Seguridad Social de estos trabajadores, en su carácter de trabajadores por cuenta ajena, se redujeron en 1986, momento en el que quedaron integrados en el Régimen General, manteniendo no obstante algunas diferencias necesarias para adaptar los mecanismos de protección social a las especiales características de este colectivo. En aquel momento la acción del legislador consistió con carácter general en mantener ciertas especialidades que ya les eran de aplicación en el entorno del derogado Régimen Especial de Artistas, frente a la opción que hubiera sido plantearse en su conjunto y de forma sistemática, a modo de sistema especial, sus necesidades de protección. Esto no ocurrió con ninguno de los colectivos que, junto al de artistas y en el mismo momento, quedaron integrados en el Régimen General, tales como ferroviarios, futbolistas profesionales, representantes de comercio y toreros, arrastrando todos ellos una regulación de mínimas especialidades dentro del Régimen General, si bien, el caso de los artistas, debido a las especiales condiciones de intermitencia con la que prestan su actividad hubiera aconsejado ya un tratamiento más sistemático y unitario en materia de protección social; las últimas reformas que se analizan inciden por tanto sobre un régimen de protección social que en estas condiciones de dispersión se ha mantenido prácticamente inalterado durante más de treinta años.

Estas especialidades se contienen en las normas que regularon la integración del colectivo en el Régimen General (a partir de ahora, normativa de integración): Real Decreto 2621/1986, de 24 de diciembre, que integra los Regímenes Especiales de trabajadores ferroviarios, jugadores de fútbol, representantes de comercio, artistas y toreros en el Régimen General de la Seguridad Social; y el Especial de escritores de libros en el Régimen especial de trabajadores por cuenta propia o autónomos; desarrollado por Orden de 20 de julio de 1987, en las materias de campo de aplicación, inscripción de empresas, afiliación, altas y bajas, cotización y recaudación y por Orden de 30 de noviembre de

1987, que lo desarrolla en materia de acción protectora; por otro lado, el RD 2622/1986, de 24 de diciembre, recoge algunas especialidades en materia de protección por desempleo para futbolistas, representantes de comercio, artistas y toreros.

Además de la citada normativa de integración, todavía vigente en aspectos esenciales, también entre la actual normativa de carácter general se han recogido alguna de aquellas especialidades, en concreto, en el art. 32 del Reglamento General de Cotización (RD 2064/1995, de 22 de diciembre, RGCL) se recoge la que afecta a la cotización en el Régimen General, sustituyendo y derogando parte de la normativa de integración que recogía la especialidad en esta materia; por otro lado, también ante la publicación en 1996 de un Reglamento General en materia de actos de encuadramiento (RD 84/1996) se aprovecha para aludir a este colectivo en su art. 10 a los efectos de identificar la figura de la empresa responsable del cumplimiento de las obligaciones de inscripción, afiliación, altas y bajas en la Seguridad Social, si bien, nada más se regula en este Reglamento sobre especialidades en materia de actos de encuadramiento.

En cuanto al texto refundido de la LGSS a partir del impulso que ha supuesto el Informe de 6 de septiembre de 2018 para la elaboración de un Estatuto del Artista, ya a partir del RD-Ley 26/2018 se hace hueco al colectivo en la principal norma que regula el sistema de seguridad social y, hasta la fecha, fruto de distintas reformas, ya pueden encontrarse varios artículos destinados al colectivo, en sus dos facetas, la de personas trabajadoras por cuenta ajena y por cuenta propia. Así, merece destacar la creación de una nueva sección en el capítulo XVII del Título II que se ha denominado "artistas en espectáculos públicos" inaugurada con el art. 249 ter para regular los periodos de inactividad de artistas incluidos en el Régimen General, modificación introducida por el RD-Ley 26/2018; con posterioridad se incorporan más artículos y disposiciones adicionales en el texto refundido de la LGSS por reformas más recientes, como la llevada a cabo por el citado RD-Ley 5/2022 y especialmente la que se acomete por RD-Ley 1/2023, de 10 de enero, de medidas urgentes en materia de incentivos a la contratación laboral y mejora de la protección social de las personas artistas, entre otras cosas destacable porque, además de regular una especial y específica prestación por desempleo introduce las primeras especialidades para el colectivo en su faceta de trabajadores por cuenta propia.

Todas estas reformas se enmarcan en el componente 24 del Plan de Recuperación, Transformación y Resiliencia y todas ellas vienen inspiradas y tratan de dar cobertura a las necesidades manifestadas en el Informe de la subcomisión parlamentaria y en el marco del desarrollo del Estatuto del Artista, para lo cual se han ido abordando también medidas en otros ámbitos, como en materia fiscal. Entra las reformas más recientes al margen de la Seguridad Social, se encuentra la que viene a abordar la problemática que tienen debido a sus relaciones laborales fugaces, de consolidar su participación en las elecciones sindicales y formar parte de los órganos de representación, aspectos sobre los que se han realizado diferentes propuestas (CASAS, 2009); el RD-Ley 4/2024 ha incorporado la DA 28ª en la Ley del Estatuto de los Trabajadores (Real Decreto-Leg. 2/2015, en adelante ET) en la que se establece que las personas dedicadas a las actividades artísticas, así como a las actividades técnicas y auxiliares necesarias para su desarrollo, incluidas en el ámbito de aplicación del Real Decreto 1435/1985, serán electoras cuando sean mayores de dieciséis años y elegibles cuando tengan dieciocho años cumplidos y siempre que, en ambos casos, cuenten con una antigüedad en la empresa de, al menos, veinte días, frente a los seis meses o tres, en el mejor de los casos, que exige el art. 69.2 ET para poder presentarse a elecciones sindicales. También en el ámbito de la formación se han ido realizando mejoras, como la estructuración de los estudios oficiales a través de la Ley 1/2024, de 7 de junio, por la que se regulan las enseñanzas artísticas superiores y se establece la organización y equivalencias de las enseñanzas artísticas profesionales.

En este trabajo se recogen todos aquellos aspectos que configuran actualmente la especialidad aplicable en materia de protección social a colectivos de artistas y técnicos y auxiliares en el sector cultural, a fin de poner de manifiesto las características de su desarrollo y aplicación, así como las posibles lagunas de protección.

III. Campo de aplicación: ¿artistas? la delimitación del colectivo con especialidades

La delimitación del colectivo desde el ámbito de la protección sociolaboral ha sido siempre un tema complejo, tanto en relación a la propia naturaleza y dimensión laboral de esta actividad, pues se ha señalado por la doctrina la general dificultad de reconocer, en quien ejerce una actividad artística, los elementos esenciales de la relación laboral, especialmente la dependencia, ante la necesaria y fundamental aportación creativa que conlleva su ejercicio (GARCIA MURCIA y RODRÍGUEZ CARDO, 2009), como en relación a la propia y específica actividad realizada por la persona artista, ante la gran variedad y heterogeneidad que presenta, y con esa connotación de parecer ser inabarcable y estar siempre en continua evolución, por lo que era necesario acometer las reformas necesarias para acercar la norma a la realidad social y cultural que se estaba reclamando.

La gran variedad de actividades que pueden reconducirse a la "actividad artística" ha sido una cuestión que ya históricamente está rodeada de dificultad. Las viejas reglamentaciones de trabajo reconocieron a profesionales de la música, del teatro, circo y variedades, de la industria cinematográfica, más tarde, todos ellos y algunos del personal técnico fueron los incluidos en el campo de aplicación del derogado Régimen especial de artistas que también fue ampliándose incluyendo otros ámbitos, como el de la televisión, por ejemplo; cuestión tratada extensamente por Hernández (1972); y si atendemos a las normas más actuales, antes de la reforma de 2022, la característica principal era su falta de acomodo a la realidad y el desajuste existente entre la normativa laboral y la de Seguridad Social.

En relación a esto, puede decirse que las últimas reformas han traído cambios relevantes en este aspecto, aunque como se ha señalado en relación al campo de aplicación de la relación laboral especial, es posible que provoquen también nuevos interrogantes que tendrán que ser atendidos judicialmente (ALTÉS, ARADILLA y GARCÍA TESTAL, 2022). En relación a la Seguridad Social, la dualidad en el ejercicio de la actividad, bien por cuenta ajena, bien por cuenta propia, nos lleva a su necesario encuadramiento bien en el Régimen General bien en el Régimen especial de trabajadores por cuenta propia o autónomos (RETA), y si dentro del primero se contienen tradicionalmente las específicas especialidades, por lo que al RETA respecta, solo recientemente se empiezan a observar normas específicas para el colectivo. El campo de aplicación en el ámbito de la Seguridad Social debe ser analizado en ambos Regímenes, si bien, en el Régimen General sin una norma específica, tan solo la referencia al de la relación laboral especial; y en el RETA en cambio, sí se ha incorporado una norma más específica surgida en el marco de las normas de la Seguridad Social.

1. DELIMITACIÓN DEL CAMPO DE APLICACIÓN EN EL RÉGIMEN GENERAL

Por lo que se refiere al trabajo por cuenta ajena, la ausencia de normas específicas sobre campo de aplicación complica la delimitación subjetiva del colectivo de artistas susceptible de quedar afectado por las normas que regulan las especialidades dentro del Régimen General. A diferencia de otros colectivos, como personas empleadas de hogar o trabajadoras por cuenta ajena del campo, que pasaron de formar parte de un Régimen Especial de la Seguridad Social a formar parte de un Sistema Especial, al amparo del art. 11 LGSS, que implica cierta regulación ordenada y sistemática, los artistas del extinto Régimen Especial de Artistas pasaron a ser regulados, sin esta estructura, por las normas del Régimen General. Podríamos atender al campo de aplicación del extinto Régimen Especial de Artistas y trasladarles sin más el régimen de especialidades dentro del Régimen General, sin embargo, era un Régimen que se delimitaba por referencia a grupos profesionales, como los de la música, teatro, circo, televisión... teniendo que acudir a las Reglamentaciones Nacionales y Ordenanzas para determinar el alcance siempre impreciso de cada uno de esos grupos, labor que llevaba también a ciertas incoherencias (HERNÁNDEZ, 1972).

A falta pues de una norma actual destinada de manera específica a delimitar el campo de aplicación subjetivo dentro de este amplio colectivo, hemos de buscar referencias a cómo se delimita el colectivo a efectos de aplicarles las especialidades más importantes previstas entre las normas de Seguridad Social.

La principal de las especialidades regulada para este colectivo, como se tratará, afecta a las reglas de cotización. La especial forma de calcular las cuotas en relación al régimen general común, implica una cotización provisional que al final de cada ejercicio se somete a regularización, una especie de cotizaciones mensuales a cuenta que, con la regularización anual, permite compensar los períodos de intensa actividad con los de escasa o nula actividad; el resultado, una ficticia distribución en el tiempo de los salarios obtenidos durante el año y de los periodos de alta, dándole mayor protagonismo a la aplicación anual de los topes de cotización.

Esta forma especial de cotizar lleva a que se regulen reglas especiales para el cómputo del tiempo cotizado a efectos de protección, ya que la distribución ficticia de los salarios durante el año va a implicar también una distribución ficticia del tiempo que se considera cotizado; el resultado, como se tratará, será que en el cómputo del tiempo cotizado se incluirán días asimilados que realmente no fueron trabajados, en los que el sujeto no estaba tampoco de alta en el Régimen General, y como consecuencia de ello se regula otra especialidad muy importante a efectos de protección de este colectivo, que les permitirá considerarlos en situación asimilada al alta en esos días asimilados a los que se ha hecho referencia.

En definitiva, debemos acudir a la norma que regula la gran especialidad del colectivo que es la manera de cotizar, para delimitar de forma precisa su ámbito subjetivo de aplicación. La norma actual que contiene esta especialidad, inicialmente regulada en el art. 8 del RD 2621/1986, básicamente dirigido a regular la determinación de las bases y cuotas, pasó a ser contenida en las normas generales del sistema sobre cotización, concretamente en el art. 32 del RD 2064/1995 que aprueba el Reglamento General sobre cotización y liquidación de otros derechos de la Seguridad Social (RGC), y que derogó el citado art. 8 del RD 2621/1986, y en esta sucesión normativa, cabe destacar que el art. 32 RGC ya desde sus inicios se vio en la necesidad de delimitar el colectivo al que va dirigido. El art. 32 RGC sigue manteniendo los rasgos básicos y principales de esta especialidad, y desde su redacción original las modificaciones introducidas más significativas han sido dos, la llevada a cabo por RD 335/2004 en un aspecto fundamental de la cotización, como veremos, al eliminar a las empresas de la liquidación provisional, y por el más reciente RD-Ley 5/2022 que afecta enteramente a las disposiciones en él contenidas sobre campo de aplicación.

Por tanto, el art. 32 RGC se convierte en la norma principal que delimita el colectivo dentro de las normas del Régimen General. Actualizado por RD-Ley 5/2022, precisamente para modificar su campo de aplicación, dejando inalteradas las reglas de cotización, y para adecuarlo a la modificación legislativa que la misma reforma lleva a cabo sobre el ámbito de la relación laboral especial contenida en el RD 1435/1985. Con la nueva redacción del art. 32 RGC el colectivo al que se aplicarán estas especialidades de cotización será el de *"trabajadores sujetos a la relación laboral especial de los artistas que desarrollan su actividad en las artes escénicas, audiovisuales y musicales, así como las personas que rea-*

lizan actividades técnicas y auxiliares necesarias para el desarrollo de dicha actividad".

En relación a la redacción anterior se ha conseguido ser coherentes con la regulación del ámbito de aplicación de la relación laboral especial, ya que anteriormente ésta no acogía al personal técnico y auxiliar y sin embargo, parte de este tipo de personal sí que le eran aplicables las especialidades de cotización del art. 32 RGC, concretamente se incluían en el ámbito de los *trabajos de producción, doblaje o sincronización de películas (tanto en las modalidades de largometrajes como de cortometrajes o publicidad) o para televisión.* Ambos campos de aplicación no coincidían como lo hacen ahora, de manera que se afirmó que no existía *equivalencia entre las normativas de Seguridad Social y la laboral, ...A efectos de Seguridad Social la consideración de artista es más amplia, lo que implica que no todo trabajador que cotice con arreglo a las especialidades previstas para los artistas será sujeto de la relación laboral especial* (STSJ de Madrid, de 18 de abril de 2005, rec.1464/2005). Inicialmente el campo de aplicación del ya desaparecido Régimen Especial de Artistas incluía además de artistas en sentido estricto, al personal auxiliar y técnico que le acompaña; sin embargo, aunque las disposiciones sobre campo de aplicación de aquellas normas que regularon los diferentes Regímenes Especiales que se integran, conservarían plena eficacia en orden a determinar la nueva extensión del Régimen General (DF 1ª, apdo. 3 RD 2621/1986), el art. 32 RGC los incluyó solo en parte, haciendo palpable la tradicional incongruencia en lo que se refiere al campo de aplicación (MURCIA, 2013). Consecuencia de ello, al margen quedaban otros profesionales que finalmente han sido incorporados.

Así, tras la nueva redacción del art. 32 RGC por RD-Ley 5/2022, su campo de aplicación ya incluye expresamente a trabajos técnicos y auxiliares directamente vinculados a las actividades artísticas de cualquier ámbito (artes escénicas, audiovisuales o musicales) contemplando en particular nuevas categorías de profesionales antes no incluidas en esta especialidad de cotización, como son: Directores

Técnicos, Escenógrafos de espectáculos en vivo, eventos y audiovisuales, Diseñadores de maquinaria escénica, Directores de sonido, Directores de iluminación, Directores de sastrería, Iluminadores, Técnicos de sonido, Técnicos de maquinaria escénica, Técnicos de utilería, Técnicos de sastrería, Ayudantes Caracterizadores, Ayudantes de regiduría, Ayudantes iluminadores, Ayudantes de maquinaria escénica, Ayudantes de utilería, Ayudantes de sastrería y Avisadores.

Se trata de una reforma que está en la línea de las reivindicaciones del sector de la cultura, pues es palpable cómo este colectivo se enfrenta en la realidad a las mismas condiciones de intermitencia propias de la actividad artística y sin embargo resultaba excluido de las medidas de seguridad social reguladas con la finalidad de compensar las peculiaridades de su actividad, al menos parcialmente excluido, en el caso de la aplicación de la modalidad de cotización del art. 32 RGC. Cabe destacar que ya anteriormente, en 2020 y ante la necesidad de articular medidas de protección social en el sector cultural por la situación de alarma sanitaria a consecuencia del Covid-19, se reconoció expresamente por el legislador que este otro colectivo, afectado también por las peculiaridades del desempeño ordinario de su profesión, tiene dificultades para acogerse a los mecanismos generales de cobertura. Se señaló expresamente a las personas trabajadoras que prestan servicios técnicos indispensables para que los espectáculos y actividades culturales tengan lugar y que participan de la misma intermitencia y falta de continuidad propia de los artistas (exposición de motivos del RD-Ley 32/2020 de 3 de noviembre, por el que se aprueban medidas sociales complementarias para la protección por desempleo y de apoyo al sector cultural) y por razón de la pandemia se articuló un subsidio por desempleo coyuntural, excepcional y específico también para personal técnico y auxiliar del sector cultural (art. 3 RD-Ley 32/2020).

En definitiva, partimos de la equiparación en relación al campo de aplicación de la relación laboral especial y del art. 32 RGC. Por tanto, debemos partir de la premisa de que quienes se encuentren en el campo de aplicación del RD 1435/1985, estarán también en el campo de aplicación de las normas especiales que afectan a los artistas en el Régimen General, y viceversa, salvo que expresamente se contemple alguna solución distinta para algún colectivo concreto.

Precisamente, un caso excepcional es el colectivo de profesionales taurinos sobre el que, además, se ha cuestionado su encaje como actividad artística en el RD 1435/1985, especialmente después de una reforma que directamente elimina en su art. 1.Tres la referencia a "plazas de toros" para sustituirla por la de "plazas" (ALTÉS, ARADILLA y GARCÍA, 2022). La negociación sectorial no lo pone en duda, como puede verse la referencia a la aplicación del RD 1435/1985 respecto de las cuestiones no contempladas en el VI Convenio colectivo nacional taurino de 2 de septiembre de 2022 (BOE 16-09-2022), siendo que la reforma por RD-Ley 5/2022 entró en vigor el 31 de marzo. Al margen de la discusión sobre la especialidad de su relación laboral, de lo que debe partirse es que, a efectos de Seguridad Social siempre se han mantenido las diferencias respecto del colectivo de artistas. Así, antes del proceso de integración en el Régimen general de 1986, existían dos Regímenes especiales distintos, uno para artistas en espectáculos públicos (Decreto 2133/1975) y otro para profesionales taurinos (RD 1024/1981). Con la integración, cada colectivo mantuvo muchas de sus especialidades, y distintas son las que se aplican a los profesionales taurinos en relación a las de los artistas; por tanto, nunca se les ha considerado a efectos de Seguridad Social como un colectivo con un único régimen jurídico, de manera que, precisamente porque las normas de Seguridad Social distinguen, se consideraría ésta la excepción a la regla anterior según la cual a todo aquel que se le aplique la relación laboral especial se le aplicarán las reglas especiales previstas para artistas, pues el colectivo de profesionales taurinos tiene y siempre ha tenido sus propias reglas especiales en materia de protección social.

La polémica al respecto surgió precisamente ante las medidas especiales que se regularon para la protección de colectivos en tiempos de pandemia por Covid-19. El RD-Ley 17/2020 configuró una prestación especial de desempleo para artistas en espectáculos públicos, que al colectivo taurino se le negaba por el SEPE entendiendo que no estaba en su campo de aplicación, en el que no eran expresamente mencionados, como sí lo fueron más tarde en la prestación especial para ellos específicamente regulada por RD-Ley 32/2020, en la que se señalaba que sólo a partir de su entrada en vigor podrían acceder a esta prestación especial, cerrando puertas al argumento de si estaban o no incluidos en el RDL 17/2020. Parte de la doctrina judicial consideró que les correspondía la prestación especial por estar este colectivo incluido en el mismo campo de aplicación a efectos laborales, si bien, el TS en diferentes Sentencias, entre ellas la STS de 21 de febrero de 2024 (rec.2508/2021) argumentó en contra, basándose también en las diferencias de protección que artistas y profesionales taurinos tienen en el marco de la Seguridad Social que justificaban que el legislador haya "no incluido" a los segundos en la protección social específica dispensada para los primeros en el RD-Ley 17/2020.

2. CAMPO DE APLICACIÓN DEL RD 1435/1985: LA LLAMADA A LA NEGOCIACIÓN COLECTIVA Y LA CORRECTA IDENTIFICACIÓN DE LA RELACIÓN LABORAL ESPECIAL

No es la intención realizar un análisis sobre el campo de aplicación diseñado en el art. 1 del RD 1435/1985, pero sí debe destacarse una breve referencia al menos sobre algunos de sus aspectos más conflictivos en tanto que, como se ha visto, está directamente conectado con el del art. 32 RGC.

Tras señalar el art. 1.Uno a *las personas artistas que desarrollan su actividad en las artes escénicas, audiovisuales y musi-*

*cales, así como de las personas que realizan actividades técnicas o auxiliares necesarias para el desarrollo de dicha actividad,...*y añadir que la relación especial de trabajo será la *establecida entre el empleador que organiza o el que produce una actividad artística, incluidas las entidades del sector público, y quienes desarrollen voluntariamente una actividad artística o una técnica o auxiliar, por cuenta y dentro del ámbito de organización y dirección de aquel a cambio de una retribución* (art. 1.Dos), recoge la heterogeneidad de la "actividad artística" a estos efectos, entendiendo como tales, siguiendo un listado abierto, las *dramáticas, de doblaje, coreográfica, de variedades, musicales, canto, baile, de figuración, de especialistas; de dirección artística, de cine, de orquesta, de adaptación musical, de escena, de realización, de coreografía, de obra audiovisual; artista de circo, artista de marionetas, magia, guionistas...*y también aquella actividad que sea *reconocida como la de un artista, intérprete o ejecutante por los convenios colectivos que sean de aplicación en las artes escénicas, la actividad audiovisual y la musical.*

Se trata por tanto, de un listado no cerrado, que permitirá la actualización constante y la inclusión de actividades sobre las que ya se ha polemizado si han de ser consideradas a estos efectos artistas como es el caso de los creadores de contenido, si bien, en cualquier caso y especialmente sobre este colectivo concreto, hemos de recalcar obviamente que *no puede significar que cualquier actividad de los creadores de contenido deba entenderse incluida en la relación laboral especial de artistas en espectáculos públicos, sino que deben cumplirse además todos los elementos incluidos en la delimitación del ámbito de aplicación de la relación laboral especial* (ALTÉS, ARADILLA y GARCÍA TESTAL, 2022).

La referencia a la negociación colectiva se ha incorporado como novedad a este artículo, como vía de extensión de lo que pueda ser interpretado como actividad artística dentro de las artes escénicas, audiovisuales y musicales, por lo que parece que entra dentro del poder de disposición de la negociación colectiva la ampliación del campo de aplicación en relación a la actividad concreta desarrollada, porque pueda asemejarse y considerarse "como la de un artista, intérprete o ejecutante", pero obviamente porque se desarrolla conforme a las directrices y cumple los requisitos de la relación laboral especial. Lo que no cabe en ningún caso es que el convenio colectivo pueda excluir al artista, artista intérprete o ejecutante del ámbito de la relación laboral especial cuando sea ésta aplicable frente a la común, especialmente porque también estaría excluyéndoles de la especialidades de protección previstas en materia de Seguridad Social, y si el derecho del trabajo, por su carácter desregulador y potenciador de la negociación colectiva, así como el propio derecho a la negociación colectiva y la propia libertad sindical, constitucionalmente reconocidos, pudiera llegar a admitir interpretaciones en ese sentido, siempre sometidas al principio de legalidad, no así el derecho de la Seguridad Social, en cuyo ámbito y *"Sin otra excepción que el establecimiento de mejoras voluntarias..., la Seguridad Social no podrá ser objeto de contratación colectiva"(art. 43.2 LGSS).*

Por otro lado, la identificación de la figura empresarial es también relevante a efectos de señalar al sujeto responsable del cumplimiento de las obligaciones de Seguridad Social. El art. 1.Dos citado, determina su aplicación a la relación establecida *entre el empleador que organiza o el que produce una actividad artística, incluidas las entidades del sector público, y quienes desarrollen voluntariamente una actividad artística o una técnica o auxiliar, por cuenta y dentro del ámbito de organización y dirección de aquel a cambio de una retribución*; señala pues que en esta relación la figura del empleador recae sobre el que *organiza o el que produce una actividad artística, incluidas las entidades del sector público.* Esta redacción introducida por RD-Ley 5/2022 trae como novedad la referencia no solo al que "organiza" sino también al que "produce" la actividad artística. La redacción anterior señalaba exclusivamente al *organizador de espectáculos públicos* y en consecuencia, en la normativa de Seguridad Social que regula los actos de encuadramiento y que no ha sido modificada a este respecto, el art. 10 del RD 84/1996 destinado a identificar al "empresario" en las relaciones laborales especiales, señala al que organice el espectáculo, y, en su caso, a las casas musicales y entidades que realicen actividades de grabación o edición en que intervengan tales trabajadores.

Sobre esta persona física o jurídica, pública o privada, con o sin ánimo de lucro, recaen las obligaciones de afiliación, altas y bajas en la Seguridad Social, y se convierte en el sujeto responsable del cumplimiento de las obligaciones de cotización y liquidación, siendo indiferente si su actividad es ocasional o no y siendo indiferente si persigue o no ánimo de lucro (STSJ de Andalucía/Granada, cont-admvo., de 29 de octubre de 2001, rec.81/2000); si bien, la aplicación del artículo 10 citado debe hoy ajustarse al literal del art. 1.Dos del RD 1435/1985. La realidad de la actividad artística puede ser muy heterogénea y de manera habitual se recurre a intermediarios, de manera que, cuando la contratación no es directa entre organizador del espectáculo (ej. comisión de fiestas) y artistas (ej. músicos), aparecen otras figuras como la del promotor, de manera que sea éste, como empresa, el que contrata a los músicos, y las dudas sobre quien es verdadera empresa surgen y se trasladan a sede judicial (STSJ Comunidad Valenciana, de 22 de marzo de 2017, rec.836/2014) o en el peor de los casos, aparecen empresas intermediarias que huyen de sus obligaciones utilizando fórmulas fraudulentas interpuestas, como la facturación a través de sociedades cooperativas que se sitúan en los límites de la legalidad y acaban ocupando la posición de "empresa" (aparente) sobre la que recaen las obligaciones en materia de Seguridad Social; una situación en este sentido se pone de manifiesto en STSJ de Madrid de 18 de marzo de 2021 (rec.670/2020), en la que se demuestra que la cooperativa en cuestión no era más que otra figura interpuesta, vacía de contenido y actividad real, correspondiendo la figura empresarial en la cuestión en litigio a la empresa que realmente contactaba con los artistas y les daba las instrucciones sobre las actuaciones que debían llevar a cabo. La cuestión sobre la identificación de la figura empresarial en esta relación laboral ha sido por tanto, objeto de litigio en los tribunales ya que, en principio y textualmente, cuando el empleador no es estrictamente el que organiza el espectáculo la relación laboral podría no ser la especial sino la común, sin embargo, esto puede haber cambiado con la introducción también de quien "produce la actividad artística" en el art. 1Dos RD 1435/1985 y suponer una ampliación de los supuestos en los que cabe mantener la especialidad de la relación laboral y una solución a los casos en los que tan asiduamente se utilizan empresas intermediarias; cabe destacar la STSJ de Galicia de 2 de julio de 2021 (rec.7029/2021), en la que la TGSS mantiene que la orquesta a la que pertenecen los músicos sea la empleadora de una relación laboral que ha de considerarse especial, mientras que el verdadero organizador de espectáculos no es la orquesta sino la empresa que la contrata, por lo que la Sentencia entiende que la relación laboral es común; ante el fallo de la Sentencia citada, la TGSS ha efectuado recurso de casación que ha sido admitido por la sala de lo contencioso administrativo del TS por Auto de 9 de febrero de 2023 (rec.8039/2021), aún pendiente de resolución. Si atendemos a que la finalidad de una normativa laboral y de seguridad social especial es la de atender a las connotaciones que tiene el ejercicio de la actividad artística, tratar de evitar la relación laboral especial sobre la base de la existencia de intermediarios en la contratación, no es sino poner un velo a una realidad que sigue estando de fondo y manifestándose en toda actividad que realice la persona artista, que queda desprotegida ante una legislación que no afronta con eficacia esta realidad.

A similar situación de desprotección se llega cuando no se realiza una correcta contratación conforme a las reglas de la relación laboral especial. Cabe destacar que, en esta materia, el art. 5 RD 1435/1985 señala que el contrato podrá celebrarse para una duración indefinida o por tiempo determinado. Y que el contrato laboral artístico de duración determinada, que solo se celebrará para cubrir necesidades temporales de la empresa, podrá ser para una o varias actuaciones, por un tiempo cierto, por una temporada o por el tiempo que una obra permanezca en cartel, o por el tiempo que duren las distintas fases de la producción. Asimismo, añade que para que se entienda que concurre causa justificada de temporalidad será necesario que se especifiquen con precisión en el contrato la causa habilitante de la contratación temporal, las circunstancias concretas que la justifican y su conexión con la duración prevista. Esto significa que aun siendo la contratación de la persona artista de duración determinada por excelencia, dentro de este marco debe también ajustarse a la contratación adecuada, y no ser abusiva por utilizar sucesivos contratos temporales cuando se trata de actividades permanentes y estructurales (STS de 15 de enero de 2020, rec.2845/2017) y si corresponde la contratación para una temporada podría resultar fraudulenta realizar una contratación para actuaciones concretas dentro de la temporada, así se pone de manifiesto en el caso de empresa que contrata a un músico para una temporada pero únicamente cursa alta cada vez que hay actuación, y su correspondiente baja, correspondiendo alta durante toda la temporada, al quedar demostrado que realmente su prestación de servicios no se ciñe en exclusiva al día de la actuación y que además deben incluirse los ensayos, conforme al convenio colectivo aplicable, STSJ de Galicia 20-12-2023 (rec.2023/2022).

Además, para resultar aplicables las especialidades de cotización del art. 32 RGC no se especifica que la contratación tenga que ser de una u otra manera, el solo hecho de estar en el campo de aplicación del RD 1435/1985 supondrá, como se ha señalado, que se apliquen las especialidades en materia de Seguridad Social previstas en el citado art. 32 RGC, sea cual sea, por tanto, la modalidad contractual que se utilice. Al respecto se llegó a plantear si las especialidades de cotización únicamente se aplicaban a quienes realicen una actividad por actuaciones concretas e inferiores a 30 días, basándose en que el art. 7 de la OM de 20 de julio de 1987, por la que se desarrollan diversas materias del RD 2621/86, regula un trámite de inscripción de empresa diferente para estos supuestos, concretamente señala que " *El empresario, dentro de cuyo ámbito de organiza-*

ción y dirección presten servicios trabajadores con los que mantenga la relación laboral de los artistas en espectáculos públicos y que sean retribuidos por actuaciones, programas o campañas de duración inferior a 30 días, como requisito previo e indispensable a la iniciación de su actividad, solicitará su inscripción en el régimen general de la Seguridad Social ante la Tesorería Territorial o Administración de la misma en la provincia en que esté domiciliada la empresa, con independencia de la solicitud de inscripción formulada o que deba formular dicho empresario, cuando por su cuenta trabajen también otras personas sujetas a una relación laboral común o a aquellas de relación laboral especial, pero cuya retribución no sea por actuación, programa o campaña". El TSJ de Madrid, cont-admvo., en Sentencia de 13 de febrero de 2018 (rec.129/2018) entiende que dicho precepto solo establece un requisito especifico *de inscripción de la empresa en el supuesto que dicho precepto contempla*, esto es, cuando se tienen trabajadores que sean retribuidos por actuaciones, programas o campañas de duración inferior a 30 días, sin perjuicio de la solicitud de inscripción que debe formular la empresa en aquellos supuestos cuando por su cuenta trabajen también otras personas sujetas a una relación laboral común o a aquellas de relación laboral especial, pero cuya retribución no sea por actuación, programa o campaña, como en el caso enjuiciado, en el que la retribución se va a realizar mensualmente y por cuantía idéntica, sin que ello pueda implicar que dejen de ser trabajadores del colectivo de artistas, siempre que estén incluidos en el ámbito de aplicación de la norma, como en el caso debatido.

Ciertamente la posibilidad de que se obligue a que se soliciten por la empresa otros códigos de cotización que serán accesorios y estarán vinculados al principal, que se incorporó con carácter general en el art. 13.3 RD 84/1996, tiene por objeto facilitar la gestión a la Tesorería, y normalmente tiene que ver con que se trate de colectivos que cotizan de forma especial como han sido los contratados con contratos de formación y aprendizaje, actualmente, de formación en alternancia, así como otros casos como los estudiantes en prácticas asimilados a trabajadores por cuenta ajena (DA 52ª LGSS). La explicación, en el caso de los artistas, hay que entenderla en su momento cronológico en el que la gestión específica que se reclamaba en la inscripción de empresa por el ya obsoleto art. 7 de la OM de 20 de julio de 1987, no lo era tanto por su modo diferente de cotización, que afectaba a todo el colectivo, sino para dar cobertura a una específica especialidad en la recaudación de las cuotas que arrastra de la normativa que regulaba el Régimen Especial de Artistas (art. 16 Decreto 2133/1975 y art. 19 Orden 29 de noviembre de 1975) y se incorporó a la normativa general de recaudación del momento, señalándose en aquel entonces que, respecto a las cuotas correspondientes a las actuaciones de los artistas por contratos de duración inferior a treinta días, bolos y fiestas mayores se ingresarán con anterioridad al visado del contrato y siempre antes de la iniciación de las actuaciones (art. 66.1.1 Orden de 26 de mayo de 1999 que desarrollaba el Reglamento General de Recaudación aprobado por RD 1637/1995). En la actualidad, ya no hay especialidad en la recaudación y se les aplican los plazos reglamentarios de ingreso contemplados para el régimen general; de hecho, únicamente se mantiene la especialidad de liquidación antes de la celebración del espectáculo respecto de los organizadores ocasionales de espectáculos taurinos; y en cuanto a las cuotas de artistas el único plazo especial es el señalado respecto de las cuotas resultantes de la regularización definitiva de la cotización que se ingresarán dentro del mes siguiente a aquel en que se notifique por la dirección provincial o administración de la Tesorería General la diferencia de cuotas resultante. Dicha regularización deberá realizarse dentro del año siguiente al de la finalización del ejercicio a que esté referida (art.56.1.a) RD 1415/2004, de 11 de junio, por el que se aprueba el Reglamento General de Recaudación de la Seguridad Social (RGR). No habiendo ya especialidades en esta materia, las cuotas se ingresarán dentro del mes siguiente al que corresponda su devengo.

En definitiva, los problemas que surgen ante la utilización de la relación común frente a la especial o dentro de ésta, entre la contratación por temporada y la de actuaciones o bolos, deben tratar de evitarse desde la propia negociación colectiva que debe velar porque queden claras cada una de estas posibilidades de contratación y se cumpla correctamente con el campo de aplicación de la relación laboral especial. En este sentido, la preocupación de los agentes sociales sobre esta cuestión queda latente en el caso del convenio colectivo estatal del personal de salas de fiesta, baile, discotecas, locales de ocio y espectáculos de España, de 24 de marzo de 2023 (BOE 5-4-23), modificado por Resolución de 12 de agosto de 2024 (BOE 22-8-2024) en el que incluyen cláusulas respecto del contrato a realizar, señalando que en los casos en que *sea el empresario del local quien monte su propio espectáculo y haya que efectuar ensayos para el montaje o preparación del mismo, el contrato deberá firmarse no más tarde de los tres días siguientes de haber comenzado los ensayos, considerándose definitivamente contratados si se superasen dichos tres días sin firmar el contrato y por el tiempo de duración previsto en cartelera del espectáculo en preparación* (art. 7.2); estableciendo obligaciones de documentación a efectos de Seguridad Social *Una vez finalizado el contrato de un trabajador afiliado al régimen de artistas de la Seguridad Social, y a petición del mismo trabajador, la empresa le entregará los siguientes documentos: a) Carta de finalización de contrato. b) Certificado de Vida Laboral en la empresa*; y además dejando expresa mención a que *Independientemente de las diferencias entre la contratación celebrada al amparo del Real Decreto 1435/1985, Real Decreto-ley 5/2022 y la contratación regulada por el Estatuto de los trabajadores, no podrá haber diferencias de cotización entre las personas trabajadoras afectadas por el presente convenio, sea en cómputo anual o por producción individualizada; esto es, la suma de los días cotizados y los días ganados por el proceso de regularización intrínseco a los contratos artísticos, debe arrojar un resultado no inferior al del número de días reales que ha ocupado la producción del espectáculo incluyendo fines de semana, festivos y libranzas, tanto de días de ensayo como de función, al objeto de que los trabajadores con contrato artístico, logren computar al cabo del año el mismo número de días que si hubieran trabajado bajo la cobertura del Estatuto de los Trabajadores.*

En consecuencia, la persona trabajadora tendrá derecho a reclamar las diferencias de cotización que pudieran producirse a final de año, entre la contratación bajo lo establecido en el Real Decreto 1435/1985 o bajo el Estatuto de los trabajadores, o normas que en su caso las sustituyan (art. 7.6).

Debe insistirse en que no se trata de elegir entre el régimen común y el especial de artistas, que será este último cuando se trata de realizar una actividad artística que va dirigida o va a llegar, antes o después, al público y que queda incluida en el campo de aplicación del RD 1435/1985. Y debe insistirse también en que las diferencias de protección entre el régimen común y el especial de artistas van dirigidas a conceder a estos últimos un régimen de adaptación que compense el carácter intermitente de su profesión, que no debe confundirse con la modalidad de contratación que le corresponda en un momento determinado, pues dentro de esa natural e intrínseca intermitencia la legislación laboral busca también para este colectivo dotarles de la máxima estabilidad, sin que ello suponga que no se les apliquen igualmente las especialidades previstas para el colectivo por el hecho de que alguna etapa de su vida de artista haya tenido mayor estabilidad laboral, cosa que estará en relación a las circunstancias objetivas que rodean la actividad artística concreta, cuya permanencia en el tiempo como se sabe, está siempre sujeta y condicionada a las preferencias y gustos del público. Como se ha señalado, aunque la temporalidad sea propia de este sector, no justificaría que cuando la actividad artística para la que se contrate tenga carácter permanente, continua o discontinua, se opte por cubrirlas mediante fórmulas de trabajo temporales (ALTÉS y GARCÍA TESTAL, 2017, p. 271). Así, si la empresa que contrata al artista se dedica a organizar un espectáculo por cada temporada de verano, podrían darse los elementos para que la contratación adecuada sea la del fijo discontinuo, aunque el hecho de la necesaria adaptación a los gustos y preferencias del público también hace difícil el encaje de esta modalidad contractual; si una empresa organiza a lo largo del año diferentes espectáculos y contrata a un artista polivalente para que participe en todos ellos, la modalidad contractual apropiada será la contratación indefinida, y en cualquiera de estos casos, la relación laboral será la especial, los días en alta serán los de todo el periodo que dure el contrato o temporada, y la cotización mensual en relación a las retribuciones totales proporcionarán el valor diario de las bases a cuenta que permitirá formar unas bases de cotización sujetas también a los topes mínimos y máximos generales. Si además el artista prestara servicios para otras empresas organizadoras de espectáculos, ya sea de manera puntual para una actuación concreta, o por más días, se procederá exactamente igual sin que se les apliquen las limitaciones mensuales que afectan a la cotización del pluriempleo, como se trata a continuación. Y al final del año la regularización provocará el efecto de compensación que se busca, y que se trasladará también al final de la vida laboral en el cálculo y acceso a la correspondiente pensión de jubilación.

3. DELIMITACIÓN DEL CAMPO DE APLICACIÓN EN EL RÉGIMEN ESPECIAL DE TRABAJADORES POR CUENTA PROPIA O AUTÓNOMOS (RETA) Y ESPECIALIDADES PREVISTAS

En la delimitación del contenido y alcance de la protección del sistema de Seguridad Social de este amplio colectivo, es fundamental calificar a los sujetos protegidos bien como personas trabajadoras por cuenta ajena bien como personas trabajadoras por cuenta propia, a partir de ahí quedarán incluidas y protegidas conforme a las normas del Régimen General o conforme a las normas del Régimen de trabajadores por cuenta propia o autónomos (RETA). Ya se ha visto cómo el campo de aplicación respecto de quienes realizan la actividad artística en términos de ajenidad y dependencia se corresponde con el del RD 1435/1985, en cambio, quienes desarrollan dicha actividad por cuenta propia deberán identificarse con objeto de encuadrarse en la protección del RETA.

Por un lado, el art. 305.1 LGSS recoge el concepto de persona autónoma con carácter general para identificarlo con aquellas *"personas físicas mayores de dieciocho años que realicen de forma habitual, personal, directa, por cuenta propia y fuera del ámbito de dirección y organización de otra persona, una actividad económica o profesional a título lucrativo, den o no ocupación a trabajadores por cuenta ajena"*. Se trata de un concepto en el que no se precisan elementos cuantitativos, no se atiende a cuanto de habitual tiene que ser ni a cuanto de lucrativa, por tanto, no se establecen mínimos en este sentido; ello significa que, en principio, bastaría con que se trata de una actividad no altruista, es decir, que se ejerce con la intención de obtener rentas o beneficios, sin importar el nivel de ganancias; y respecto al carácter habitual, cualquier actividad profesional que se emprende como trabajo por cuenta propia está sujeta a las reglas del RETA, y las personas que se dediquen a ellas deben cursar su alta antes de iniciar su actividad, por lo que la habitualidad no implica permanencia, el negocio puede funcionar mejor o peor en sus inicios, puede durar más o menos, pero el alta en el RETA es obligatoria y debe tramitarse antes del comienzo. La habitualidad no está ligada por tanto a una permanencia, tampoco a una intensidad concreta, hay actividades que son más intensas durante unos periodos al año, como las vinculadas a la hostelería y turismo y no por ello se cuestiona el elemento de la habitualidad. Si bien, ante la dificultad de cuantificar este elemento la jurisprudencia y doctrina judicial ha utilizado en excepcionales ocasiones el método indiciario y atendiendo al caso concreto, cuantifica este requisito utilizando el elemento de la ganancia, de manera que ante supuestos de actividades que se presentan de manera escasa normalmente, sin existencia de local abierto al público y que realizan quienes desempeñan otros trabajos con más intensidad, son indicios que dificultan o hacen imposible mantener la existencia de la habitualidad requerida, por lo que se atiende al nivel de ingresos, de manera que si supera el salario mínimo interprofesional se considera dato de que concurre la habitualidad necesaria para exigir el alta en el RETA (LÓPEZ ANIORTE, 2013, 79).

En relación al concreto colectivo de personas artistas que ejercen su actividad por cuenta propia, las últimas reformas han traído una delimitación concreta, incorporando el art. 305.2.m) LGSS; por primera vez en las normas reguladoras del RETA se menciona al colectivo del sector cultural gracias a la reforma llevada a cabo por RD-Ley 1/2023, de 10 de enero, de medidas urgentes en materia de incentivos a la contratación laboral y mejora de la protección social de las personas artistas. Señala el art. 305.2.m) que se encuentran en su campo de aplicación aquellas personas que ejerzan por cuenta propia cualquiera de las actividades artísticas a que se refiere el art. 249 *quater*.1 LGSS. Este precepto, aunque dedicado a regular una cuestión bien específica como es la posibilidad de compatibilizar la pensión de jubilación con la actividad artística, define ésta de una forma muy amplia y se convierte en referencia para la delimitación del colectivo en el RETA. Según el art. 249 *quàter*.1 se entiende por actividad artística, conforme a su letra a) *la realizada por las personas que desarrollan actividades artísticas, sean dramáticas, de doblaje, coreográfica, de variedades, musicales, canto, baile, de figuración, de especialistas, de dirección artística, de cine, de orquesta, de adaptación musical, de escena, de realización, de coreografía, de obra audiovisual, artista de circo, artista de marionetas, magia, guionistas, y, en todo caso, la desarrollada por cualquier persona cuya actividad sea reconocida como artista intérprete o ejecutante del título I del libro segundo del texto refundido de la Ley de Propiedad Intelectual, aprobado por del Real Decreto Legislativo 1/1996, de 12 de abril, regularizando, aclarando y armonizando las disposiciones legales vigentes sobre la materia, o como artista, artista intérprete o ejecutante por los convenios colectivos que sean de aplicación en las artes escénicas, la actividad audiovisual y la musical, conforme al artículo 1. 2, párrafo 2.º del RD 1435/1985, de 1 de agosto, por el que se regula la relación laboral especial…*; y conforme a su apartado b) queda incluida también en el RETA, *la actividad por cuenta propia* *desempeñada por autores de obras literarias, artísticas o científicas, tal y como se definen en el capítulo I del título II del libro primero de la Ley de Propiedad Intelectual...(Real Decreto-Leg. 1/1996... se perciban o no derechos de propiedad intelectual por dicha actividad, incluidos los generados por su transmisión a terceros...*en definitiva, una amplia referencia a personas que ya estaban en el RETA antes de la incorporación de esta letra m) en el art. 305.2, que en este sentido tiene alcance puramente declarativo, aspecto que se trata en el apartado sobre régimen especial de compatibilidad entre jubilación y trabajo, al que me remito, y que ahora adquieren protagonismo y visibilidad al ser expresamente incorporados en el art. 305 LGSS. Ahora bien, a falta de norma expresa en contrario, se incorporan bajo la premisa del apartado 1 del art. 305 LGSS, no habiendo sido establecida la excepción por razón de la edad, a pesar de que los menores de edad pueden y requieren de autorización para poder ser contratados laboralmente, sin embargo, en su calidad de personas trabajadoras por cuenta propia se requiere del cumplimiento de la edad de 18 años para estar en el campo de aplicación del Régimen Especial.

Dentro del RETA no hay prevista especialidad que persiga específicamente compensar la intermitencia que les afecta, lo que implica en principio, la sucesión de altas y bajas continuas y un elevado coste en cotizaciones. Si bien, algunas de las reformas realizadas en el RETA han perseguido favorecer una mayor adecuación a las distintas realidades a falta de la ya descartada regulación del trabajo autónomo a tiempo parcial, y aunque no van destinadas a este colectivo en particular, les benefician igualmente ya que introducen una mayor flexibilidad y consiguen abaratar el coste de la cotización al RETA. Cabe mencionar la reforma llevada a cabo por la Ley 6/2017, de 24 de octubre, de Reformas Urgentes del Trabajo Autónomo, entre otras medidas de fomento y ayudas al trabajador autónomo y emprendedor, que introdujo la posibilidad de que, hasta tres altas dentro de cada año natural y sus correspondientes bajas, tengan efectos desde el día en que concurran o dejen de concurrir, según el caso, en la persona de que se trate los requisitos y condiciones determinantes de su inclusión en el RETA, lo que significa que en esos períodos se cotizará exclusivamente por los días en alta en lugar de por meses completos (art. 46 RD 84/1996); asimismo, se podrán beneficiar de la tarifa plana prevista en la Ley 20/2007, del Estatuto del Trabajo autónomo (LETA). Sin perjuicio de ello, a partir de 2023 se instaura el nuevo modelo de cotización en función de los rendimientos, conforme al cual la persona trabajadora elige una base de cotización provisional entre la mínima y la máxima del tramo en el que se encuentre en función de la citada previsión de rendimientos y deberán solicitar el cambio de base, pudiendo modificara hasta en seis ocasiones al año (art. 45 RGC), para ajustarla a la previsión de ingresos que vaya teniendo a lo largo del año en cada momento; finalizado el año y una vez comunicados por la Administración tributaria los rendimientos definitivos obtenidos, se procede a una regularización en base a los rendimientos reales (art. 308 LGSS). Modelo iniciado en 2023 cuya implantación se está haciendo de forma gradual, en un período que no ha de sobrepasar los nueve años pero que podría acelerarse por el Gobierno mediante revisiones periódicas cada tres años, en el marco del diálogo social (disp. trans. 1ª RDL 13/2022, art. 16 Orden de cotización para 2024, Orden PJC/51/2024).

En razón de este cambio de modelo, sí se ha regulado una especialidad destinada al colectivo de artistas dando cumplimiento a la DA 1ª RD-Ley 5/2022, en la que se anunciaban las futuras modificaciones para implantar un nuevo sistema de cotización para los trabajadores por cuenta propia o autónomos, en función de los rendimientos obtenidos por su actividad económica o profesional, y dentro de este sistema de cotización que se preveía en el futuro para todas las personas trabajadoras autónomas, se aplicará una cotización reducida en los términos que se fijen en la norma correspondiente a los artistas con rendimientos anuales inferiores a 3.000 euros que se encuentren dados de alta en el RETA (DA 1ª RD-Ley 5/2022). A estos efectos, el RD-Ley

1/2023, introduce el art. 313 bis LGSS señalando que para este colectivo con ingresos anuales netos inferiores a 3.000 euros, la base de cotización será la que cada año establezca la correspondiente LPGE y se aplicará previa solicitud de la persona interesada desde el alta o en los plazos generales establecidos para solicitar cambios de base; finalmente, no habrá regularización si se comprueba que efectivamente los rendimientos netos obtenidos no han superado la indicada cantidad, salvo que el Organismo Estatal Inspección de Trabajo y Seguridad Social verifique la falta de condición de artista de la persona trabajadora autónoma en el periodo anual de que se trate, en cuyo caso se procederá a la regularización hasta la base mínima del tramo 1 de la tabla reducida. En el caso de que se compruebe que los rendimientos netos obtenidos superan el límite de 3.000 euros, se procederá a la regularización de cuotas conforme a las normas generales del art. 308 LGSS. El art. 313 bis LGSS además les facilita el ingreso de cuotas pudiendo optar por plazos trimestrales, a trimestre vencido. Para el año 2023 la base de cotización se fijó en 526,14 euros (DT 4ª RDL 1/2023), y como se ha señalado será la correspondiente LPGE quien la fije en años sucesivos, habiéndose prorrogado en 2024.

Puede apreciarse que esta especialidad se ha establecido respecto de artistas con bajos ingresos incluidos en el RETA, y a falta de concreción en el art. 313 bis, hay que entender incluidas a todas aquellas personas que ejercen actividades artísticas conforme al ya comentado art. 249 *quater* 1 (art. 305.2.m) LGSS).

En materia de acción protectora nada específico en las normas del RETA, salvo lo que afecta a la jubilación que comparte en algún aspecto régimen jurídico especial con quienes se encuentran en el Régimen General, y a cuyo apartado me remito. Y así como en el Régimen General se ha regulado una protección específica en materia de desempleo, en el RETA y en la protección por cese de actividad no hay referencia alguna que introduzca especialidad para este colectivo.

IV. Las especialidades previstas dentro del régimen general de la seguridad social

Como se ha señalado, dentro del Régimen General es fundamental la especialidad que recae sobre la materia de cotización y liquidación. Hay otras clásicas reguladas para el colectivo de artistas que, siendo especialidades, no son exclusivas de este colectivo, sino que medidas similares son reguladas también en favor de otros colectivos incluidos en el Régimen General; se trata de la posibilidad de adelantar el acceso a la jubilación, y de la adaptación de las bases reguladoras de algunas prestaciones. Asimismo, la normativa más reciente ha introducido nuevas especialidades, la que permite cotizar durante los periodos de inactividad, y la relacionada con el envejecimiento activo y con la protección por desempleo.

La regulación de todos estos aspectos se encuentra dispersa, pues además de la que se mantiene aún vigente en la normativa de integración, está la que ha pasado a los Reglamentos generales, en concreto, en el art. 32 del RGC la materia de cotización y en el art. 10 RD 84/1996 la identificación de la empresa responsable del cumplimiento de las obligaciones de inscripción, afiliación, altas y bajas en la Seguridad Social, como se señaló; y la propia LGSS en la que se han introducido aspectos importantes en los últimos años.

1. ESPECIALIDADES EN MATERIA DE ACTOS DE ENCUADRAMIENTO

En principio no hay ya especialidades significativas en esta materia; los actos de encuadramiento son actos de naturaleza administrativa que, en el caso del Régimen General, resultan obligatorios para las empresas y cuyas competencias recaen en la Dirección provincial de la Tesorería donde radique la empresa. Estos actos son: inscripción de empresas, afiliación, altas y bajas de los trabajadores, y se encuentran ampliamente regulados mediante el citado RD 84/1996, de 26 de enero.

- La inscripción de empresa la realizará la empresa antes de iniciar su actividad como tal, si bien, a estos efectos se entiende por empresa aquella que tenga trabajadores a su servicio; concretamente respecto de los artistas, se identifica al empresario como *el organizador de los espectáculos públicos y, en su caso, las casas musicales y entidades que realicen actividades de grabación o edición en que intervengan tales trabajadores* (art. 10.1.2º RD 84/1996), si bien, ya vimos que deberá adecuarse a la redacción del art. 1Dos del RD 1435/1985, que añade también a quien produce el espectáculo. Con el acto de inscripción la empresa recibe un número o código cuenta de cotización (CCC) principal que la identificará en todo el territorio nacional y al que quedarán adscritos todos sus trabajadores; la adscripción se realiza por provincias, por lo cual la empresa solicitará CCC secundarios para los centros de trabajo que tenga en diferentes provincias. En este acto la empresa también debe realizar la opción por la Entidad Gestora o por la Mutua Colaboradora con la Seguridad Social (MCSS), para la gestión de las prestaciones que la ley le permite a ésta gestionar, siendo obligatorio que, en caso de optar por asociarse a una MCSS, se incluya a la totalidad de los trabajadores de la empresa. Por tanto, trasladado al colectivo de artistas, si la empresa tiene concertado el correspondiente convenio de asociación con una MCSS, a ésta corresponderá asumir el aseguramiento y cobertura de las contingencias y prestaciones legalmente posibles, tales como las derivadas de accidentes de trabajo y enfermedades profesionales, las de riesgo durante el embarazo y durante la lactancia natural, la de cuidado de hijos enfermos y en su caso, la de incapacidad temporal por contingencia común; y el artista estará, durante su período de prestación de servicios, cubierto por la misma MCSS y con el mismo alcance que el resto de las personas trabajadoras de esa empresa.

De entre las especialidades que se derivaron del pasado Régimen Especial de Artistas se encuentra la que afectaba a la recaudación, por la cual cuando se trate de personas trabajadoras que sean retribuidas por actuaciones, programas o campañas de duración inferior a 30 días, el ingreso de las cuotas se realizaría antes del "visado del contrato" (art. 16 Decreto 2133/1975); regulación que, como se ha señalado anteriormente, ya no es acogida por la normativa actual, aplicándose los plazos generales de recaudación, sin perjuicio del correspondiente a la regularización anual. Desaparecida esta especialidad ya no es necesaria la inscripción específica que contempla el art. 7 de la OM de 20 de julio de 1987, precepto que hay que entender superado y derogado a la vista de la normativa actual en materia de recaudación (*vid. supra).*

- Por otro lado, la persona trabajadora debe ser dada de alta en el Régimen General (código 0112), siendo la empresa la responsable de cumplir esta obligación dentro del plazo común, es decir, antes del inicio de la prestación de servicios por el trabajador, sin sobrepasar los sesenta días naturales anteriores al inicio de la prestación de servicios (art. 32.3 RD 84/1996), siendo el efecto principal del alta, el comienzo de la obligación de cotizar para ambas partes de la relación desde la fecha de inicio de la prestación de servicios. Si nunca antes hubiera estado incluido en el Sistema de Seguridad Social la empresa debe también afiliar al trabajador, pasando desde ese momento su número de la Seguridad Social (NUSS) a considerarse número de Afiliación a la Seguridad Social (NAF).

Como especialidad para el colectivo de artistas, la normativa de integración preveía que la Tesorería emitiera un talonario justificante de actuaciones a nombre del trabajador afiliado en el que, en el momento de abonarle las retribuciones o a la finalización de los servicios, el empresa cumplimentaba los datos de identificación de la misma y de la entidad colaboradora o gestora con la que tiene cubiertos los riesgos profesionales, la fecha de alta y en su caso, de baja, el grupo de cotización al que pertenece el trabajador, las remuneraciones satisfechas y la base de cotización, entre otros aspectos, todo ello con la finalidad de permitir el control y la regularización de la cotización. Debidamente firmados, uno se lo quedaba la empresa y lo adjuntaba a la liquidación mensual de las cotizaciones y el otro la persona trabajadora, que debía enviar a la Tesorería, dentro de los quince primeros días de enero del año siguiente al que correspondan las actuaciones. Actualmente, con la evolución de los mecanismos recaudatorios y de la gestión a través del sistema Red, ya no se hace uso de dicho talonario.

El alta del trabajador en el Régimen General se mantendrá hasta la finalización de la prestación de servicios, incluso durante los períodos de baja médica por incapacidad temporal, o disfrute de permisos por nacimiento y cuidado de menor, pues son períodos en los que, estando vigente el contrato de trabajo, también se mantiene la obligación de cotizar de ambas partes.

- Una vez se produce el cese en la prestación de servicios, la empresa deberá cursar su baja, para lo cual no hay tampoco especialidad alguna para este colectivo: el plazo con el que cuenta la empresa es dentro de los tres días naturales siguientes al cese, y como consecuencia, cesa la obligación de cotizar para ambas partes de la relación desde la fecha de finalización de la prestación de servicios (art. 32.3 RD 84/1996).

- Como en el régimen común, se aplican las posibilidades de alta/baja de oficio o por las propias personas trabajadoras en casos en que la empresa incumpla con sus obligaciones, así como los efectos previstos ante su realización fuera de plazo.

2. ESPECIALIDADES EN MATERIA DE COTIZACIÓN

Como ya se indicó la especialidad de cotización prevista para este colectivo es la más importante de sus especialidades; las reglas de cotización les distinguen por tanto del resto de colectivos del Régimen General, y de ella derivan otras especialidades que influyen en gran medida en el alcance de su protección. Desde la reforma de 2022, como ya se trató, en su campo de aplicación no solo están las personas trabajadoras sujetas a la relación laboral especial de los artistas que desarrollan su actividad en las artes escénicas, audiovisuales y musicales, sino también se incorporan nuevas categorías de personas que realizan actividades técnicas y auxiliares necesarias para el desarrollo de dicha actividad.

El esquema general de cotización estructurado en bases y tipos según contingencias, es igualmente aplicable a este colectivo, si bien, sí que están sujetos a una forma especial de cotización y recaudación de sus cuotas debido al carácter habitualmente intermitente con el que obtienen sus retribuciones, caracterizado porque se concentran las actuaciones en determinados meses del año o días del mes, lo que lleva a que las retribuciones sean excesivas para el sistema en determinados meses y en cambio resulten insuficientes en otros, de ahí que hay que adaptar a esta realidad el modo de cotización del Régimen General, que se caracteriza porque se cotiza atendiendo a las retribuciones obtenidas en el período de un mes, sujetas a unos topes o bases máximas y mínimas también mensuales aplicables incluso en situaciones de pluriempleo. La regulación se contiene en el art. 32 RGC y se complementa con la específica que se contenga en la Orden de cotización de cada ejercicio.

Por otro lado, y con independencia de este régimen de cotización, con la finalidad de paliar los efectos de la intermitencia propia del sector, los artistas en espectáculos públicos podrán voluntariamente continuar de alta y cotizando al Régimen General también durante sus periodos de inactividad (art. 249 *ter* LGSS), norma que comienza su vigencia en 2019 y que trataremos más adelante, abordando en primer lugar las especialidades de cotización que afectan al colectivo durante sus períodos de actividad por cuenta ajena.

Las especialidades establecidas afectan particularmente a los siguientes aspectos:

- al hecho de que la cotización mensual se realiza por bases que no se corresponden con los salarios reales obtenidos, sino que son cantidades fijas que cada año establece la correspondiente Orden de cotización, son las denominadas "bases a cuenta diarias" y,
- a la forma de aplicar a este colectivo los topes o bases máximas de cotización, optando por un sistema de regularización anual al que se le aplicarán los topes de las bases de cotización en cómputo anual.

2.1. La formación de las bases de cotización mensuales

Para la formación de las bases de cotización se procede de la siguiente manera: a lo largo de un mes, pueden haberse prestado servicios para una o varias empresas; cada una de ellas debe comunicar a la TGSS, en el mes natural a que se refiera la cotización, los salarios efectivamente abonados a la persona trabajadora. Dicha información permitirá a esta entidad llevar a cabo la regularización al finalizar el año, puesto que, como se ha indicado, no serán los salarios obtenidos los que formen las bases mensuales de cotización, aunque evidentemente servirán de referencia para formar dichas bases. Así es, cada una de las empresas, procederá a la liquidación y cálculo de cuotas utilizando las "bases a cuenta diarias" que cada año publica la Orden de cotización. Estas cantidades, que son aplicables a todo el colectivo sujeto a estas normas con independencia del grupo de cotización en el que se encuentre incluido, van actualizándose año tras año a través de la correspondiente Orden de cotización una vez que la ley de presupuestos ha establecido las normas básicas de cotización para el ejercicio correspondiente.

Bases a cuenta diarias en 2024 (art. 11 Orden PJC/51/2024, de 29 de enero):

Retribuciones íntegras	Euros/día
Hasta 534,00 euros.	314,00
Entre 534,01 y 961,00 euros.	396,00
Entre 961,01 y 1.608,00 euros.	473,00
Mayor de 1.608,00 euros.	628,00

En definitiva, este método viene a permitir que se den supuestos en los que individualmente en cada empresa para la que se preste servicios en el mismo mes, se cotice por una base que se encuentre por debajo del nivel de retribuciones reales obtenidas por la persona trabajadora en cada una de ellas. Hay que tener en cuenta la existencia de topes mínimos a estas bases, que serán aplicables cuando los salarios realmente obtenidos en una empresa fueran inferiores a la base diaria a cuenta más baja (314 euros/día en 2024) supuesto en el que las bases de cotización sí coincidirán con el salario real que en ningún caso podrá ser inferior al importe diario de la base mínima de cotización correspondiente al grupo de cotización que le corresponda, según las tablas de equivalencia que contempla el art. 32 RGC y se exponen más adelante.

Este modo de cálculo de cuotas de forma individualizada implica como consecuencia otra de las particularidades que afecta a este especial sistema de cotización en relación a las normas comunes del Régimen General: en cada empresa para la que preste servicios este colectivo dentro del mismo mes, se realizará el respectivo cálculo de bases y cuotas, con aplicación a cada una de ellas individualmente del tope máximo de cotización; este tope de cotización mensual, en las normas comunes del Régimen General es único y se reparte proporcionalmente entre todas las empresas en las que el sujeto preste servicios en régimen de pluriempleo, sin embargo este régimen no actúa respecto de los artistas (en el mismo sentido HURTADO, 2006, p.597), para los cuales las bases mensuales son “a cuenta”, el tope juega con carácter anual, aunque a cada empresa por separado se le aplicará el mensual, y será al finalizar el año, cuando la Tesorería compute conjuntamente las bases cotizadas por todas las empresas durante todo el año natural (o el total de retribuciones reales, en su caso) y entonces aplique el referido tope máximo de cotización en su cuantía anual.

De esta manera se consigue que este colectivo, que en determinados meses realizan actuaciones para la misma o distintas empresas y/o se benefician de altas retribuciones por cada una de sus galas, y podrían en la práctica sobrepasar las bases máximas de cotización mensuales, pasen a cómputo anual de manera que, al finalizar el año la regularización permitirá que quede compensado por aquellos meses en los que no tengan actividad u obtengan más bajas retribuciones.

No obstante, en cada empresa individualmente considerada, la base mensual resultante tras la aplicación de las bases a cuenta diarias será sometida, como se ha señalado, a las bases y topes máximos y mínimos de cotización mensual y constituirá la base única para cotizar tanto por contingencias comunes como por contingencias profesionales y restos de conceptos de recaudación conjunta.

Para determinar las bases mínimas y máximas aplicables, el art. 32 RGC establece las siguientes tablas de equivalencia de las categorías laborales comunes del Régimen General con las propias del colectivo de artistas y técnicos utilizando la división en dos grandes grupos:

- Grupo I: trabajos de teatro, circo, música, variedades y folklore, incluidos los que se realicen para radio y televisión o mediante grabaciones:

Categoría profesional	Grupo de cotización
Directores, Directores Coreográficos, de Escena y Artísticos, Primeros Maestros, Directores y Presentadores de Radio y Televisión.	1
Segundos y terceros Maestros Directores, primeros y segundos Maestros sustitutos y Directores de Orquesta.	2
Maestros Coreográficos, Maestros de Coros, Maestros Apuntadores, Directores de Banda, Regidores, Apuntadores y Locutores de Radio y Televisión.	3
Actores, Cantantes Líricos y de música ligera, Caricatos, Animadores de Salas de Fiesta, Bailarines, Músicos y Artistas de Circo, variedades y Folklore.	3
Adjuntos de Dirección.	5
Secretarios de Dirección.	7

- Grupo II: trabajos de producción, doblaje o sincronización de películas (largometrajes, cortometrajes o publicidad) o para televisión, así como trabajos técnicos y auxiliares directamente vinculados a actividades de artes escénicas, audiovisuales y las musicales.

Categoría profesional	Grupo de cotización
Directores.	1
Directores de Fotografía.	2
Directores de Producción, Directores Técnicos y Actores.	3
Decoradores. Escenógrafos de espectáculos en vivo, eventos y audiovisuales, Diseñadores de maquinaria escénica, Directores de sonido, Directores de iluminación, Directores de sastrería.	4
Montadores, Técnicos de Doblaje, Jefes técnicos y Adaptadores de Diálogo, Segundos Operadores, Maquilladores, Ayudantes técnicos, Primer Ayudante de Producción, Fotógrafo (foto fija), Figurinistas, Iluminadores, Técnicos de sonido, Técnicos de maquinaria escénica, Técnicos de utilería, Técnicos de sastrería.	5
Ayudantes de Operador, Ayudantes Maquilladores, Ayudantes Caracterizadores, Ayudantes Sonido, Ayudantes de regiduría, Ayudantes iluminadores, Ayudantes de maquinaria escénica, Ayudantes de utilería, Ayudantes de sastrería, Ayudantes Decoradores, Peluqueros, Ayudantes de Peluquería Segundos Ayudantes de Producción, Secretarios de Rodaje, Secretario de Producción en Rodaje, Ayudantes de Montaje, Auxiliares de Dirección, Auxiliares de Maquillador y Auxiliares de Producción, Comparsería y Figuración, Avisadores.	7

La equivalencia se realiza por referencia a los grupos de cotización del Régimen General, y permite conocer para las distintas categorías señaladas cuales serán sus bases mínimas y máximas de cotización. En el Régimen General las bases mínimas a efectos de cotización por contingencias comunes solo difieren en los tres primeros grupos de cotización en los que son cantidades mayores a las del salario mínimo interprofesional en cómputo anual; en cambio la base máxima es la misma cantidad sea cual sea el grupo de cotización. Y en el caso de la cotización por contingencias profesionales y conceptos de recaudación conjunta, el tope máximo de cotización coincide con el de las contingencias comunes y el mínimo coincide con el salario mínimo interprofesional en cómputo anual, sin distinguir, a estos efectos, entre grupos de cotización (arts. 2 y 3 de la correspondiente Orden de cotización).

A modo de ejemplo: dentro de la tabla Grupo I quedan incluidos en el Grupo 3 de cotización, entre otros, los Actores, Cantantes Líricos y de música ligera, Caricatos, Animadores de Salas de Fiesta, Bailarines, Músicos y Artistas de Circo, variedades y Folklore; para el Grupo 3 de cotización en el Régimen General la base mínima de cotización en 2024 es de 1.332,90 euros/mes y la máxima es de 4.720,50 euros/mes.

Una vez formadas las bases de cotización, para el cálculo de las cuotas se aplican los tipos comunes del Régimen General y se obtienen la cuota empresarial y la cuota de la persona trabajadora que le será descontada en el momento recibe sus retribuciones.

En relación a la especialidad del colectivo, llamar la atención a que la cuota al desempleo en el Régimen general es mayor o menor en función de la mayor o menor precariedad contractual, de manera que es más barata la cotización cuando el contrato de trabajo es indefinido y también en algunos casos de contratación temporal como los contratos de sustitución o los formativos, así como todos los celebrados con personas con discapacidad, y esta regulación se aplica sin excepciones a la contratación de este colectivo a pesar de que su modalidad contractual más asidua es la de duración determinada, si bien, es cierto que también ello implica una mayor rotación empleo-desempleo que es lo que justifica este mayor coste en la cotización al desempleo.

A otros efectos en cambio sí se ha tenido en cuenta, como ha sido para excluir a este colectivo de la penalización en la cotización regulada en el art. 151 LGSS prevista para empresas que contraten mediante contratos de duración determinada de duración inferior a 30 días, que no se aplicará *en la relación laboral especial de las personas artistas que desarrollan su actividad en las artes escénicas, audiovisuales y musicales, así como de las personas que realizan actividades, técnicas o auxiliares necesarias para el desarrollo de dicha actividad,* exclusión introducida por RD-Ley 5/2022 que modificó en este sentido el citado art. 151 LGSS; si bien, antes de esta modificación ya se había señalado desde la propia TGSS que el carácter intermitente propio de esta prestación de servicios hacía incongruente la aplicación de la citada penalización, que en la redacción anterior del citado art. 151 LGSS consistía en un incremento de la cuota empresarial a la Seguridad Social por contingencias comunes por utilización de contratos de duración inferior a 5 días (Noticias Red, 2/2019).

Por último señalar que, como el resto de colectivos, salvo pocas y expresas excepciones, han quedado sometidos a la cotización al mecanismo de equidad intergeneracional (MEI), en vigor desde el 1 de enero de 2023, y sometido a un aumento gradual ya previsto en la disposición transitoria 43ª LGSS. Se trata de un mecanismo solidario para fortalecer la sostenibilidad del sistema de Seguridad Social destinado por ello a nutrir el Fondo de Reserva; se declara aplicable en todos los regímenes y en todos los supuestos en los que se cotice por la contingencia de jubilación, no admitiendo excepciones, pues no admite ser objeto de bonificación, reducción, exención o deducción alguna ni disminución por ningún tipo de variable que pueda tener en cuenta condiciones específicas de cotización por inclusión en cualesquiera de los regímenes y sistemas especiales de la Seguridad Social u otras razones (art. 127 bis LGSS). En definitiva, sería necesario una exclusión expresa que obviamente no se ha producido con este colectivo, pues no hay razones para quedar excluidos de dicha aportación solidaria, que comprende tanto aportación empresarial como por parte de las personas trabajadoras.

Cuestión para plantearse es cómo se verán afectados por la cotización de solidaridad regulada en el art. 19 bis LGSS, que está previsto que entre en vigor el 1 de enero de 2025 (disposición final décima RD-Ley 2/2023), ya que consistirá en una cotización sobre el importe de las retribuciones que supere la base máxima de cotización, y cómo ajustarla y aplicarla a un colectivo en el que está prevista una regularización anual en función de las retribuciones reales, y donde ya de forma natural, serán superiores a las bases a cuenta, en un modelo además en el que las empresas quedan exoneradas de dicha regularización, como vemos a continuación.

Atendiendo a estas características y a la especialidad de la cotización de este colectivo, que implica la existencia de las bases de cotización a cuenta, y por otro lado, partiendo de que la cotización adicional de solidaridad se impone a ambas partes obligadas a cotizar, cabe adelantar las siguientes conclusiones: la cotización adicional procederá respecto de la parte de la base a cuenta mensual (no de la retribución real)que supere la base máxima de cotización mensual aplicable. De esta manera, la obligación queda resuelta mes a mes respecto de cada una de las empresas en las que se hayan prestado servicios, por lo que la regularización anual que, como veremos, únicamente afecta a la persona trabajadora, y a las cuotas por desempleo y contingencias comunes, se seguirá realizando como hasta ahora.

2.2. Regularización de cuotas anual

Una vez calculada las cuotas en cada una de las empresas se efectúan las liquidaciones mensuales que serán en parte provisionales y sujetas a una posterior regularización anual, aunque, como veremos, esta provisionalidad afecta solo a las cotizaciones por contingencias comunes y desempleo y además únicamente quedan afectadas las personas trabajadoras.

Así es, las cuotas por contingencias comunes y por desempleo, que son las afectadas por los tipos más altos en relación con el resto de las contingencias, se calculan en el mes de la liquidación sobre las bases a cuenta diarias y el resultado es provisional para las personas trabajadoras, siendo todas las cuotas definitivas para las empresas para las que se han prestado servicios a lo largo del año. Por tanto, actualmente la regularización anual solo afecta a la cuota de las personas trabajadoras, dejó de afectar a la cuota empresarial a partir de la reforma operada por RD 335/2004 que modificó el art. 32 del RD 2064/1995 eliminando la provisionalidad de las cotizaciones realizadas por las empresas. Esto supone una clara ventaja para multitud de empresas, sean del tipo que sean, organizadoras de grandes o modestos espectáculos, o de actuaciones aisladas, públicas o privadas... no hay ningún criterio que evite que en todos los casos éstas acaben cotizando por unas bases, a estos efectos mal llamadas "a cuenta", que actualmente guardan mucha distancia y dejan excesivo margen en relación a las retribuciones efectivas, y producen el efecto generalizado de que se cotice por cantidades muy inferiores al salario real; además traslada a la persona trabajadora, aunque de forma voluntaria como veremos, la carga de la cuota empresarial en el momento de la regularización anual.

Volviendo a la regularización, esta se produce una vez finalizado el año natural. La Tesorería cuenta para ello con dos elementos: las retribuciones que las empresas han abonado efectivamente a las personas trabajadoras y han comunicado oportunamente, y las bases a cuenta por las que efectivamente se ha cotizado en cada una de ellas. En primer lugar, la Tesorería efectúa una regularización en base a las retribuciones obtenidas a lo largo del año natural, calculando las retribuciones anuales obtenidas a las que se aplica el tope máximo anual y se deduce la cantidad correspondiente a la totalización de las bases a cuenta por las que, mensualmente, ya se ha cotizado; a la diferencia se le aplican los porcentajes de cotización por contingencias comunes y por desempleo correspondientes a empresa y persona trabajadora, siendo el resultado más probable una cantidad a ingresar afectando exclusivamente a la persona trabajadora. Si se diera el caso que la totalización de las bases a cuenta por las que se hubiera cotizado a lo largo del año supera ya el tope máximo anual de cotización, no procederá la regularización por retribuciones sino la regularización por bases, con el consiguiente resultado de exceso de cotizaciones y devolución.

Esta regularización por retribuciones estará por tanto al alcance de quienes no hayan llegado al tope máximo de cotización con las bases a cuenta, en definitiva, de quienes no reciban altas retribuciones o no hayan trabajado de forma regular suficientes días o meses al año. Si bien, esta regularización en base a retribuciones es voluntaria, pudiendo la persona trabajadora no acogerse a ella y optar, dentro del mes siguiente a la notificación de la liquidación, por abonar su importe o bien porque la regularización se efectúe en función de las bases efectivamente cotizadas; si éste es el caso, o deja transcurrir dicho plazo sin comunicación alguna, se entenderá que opta por esta última, y la regularización se realizará en función de las bases. En tal caso, se acumularán las bases a cuenta que han declarado y sobre las que han cotizado cada una de las empresas y la propia persona trabajadora a lo largo del año, y les aplicará el tope máximo anual vigente; como resultado, puede ocurrir que las bases a cuenta totalizadas superen o no dicho tope: si no lo superan, esa misma cantidad totalizada de bases a cuenta será la definitiva base de cotización anual del trabajador; mientras que en el caso de que las bases totalizadas superen dicho tope el resultado de la regularización será a devolver, siendo única beneficiaria la persona trabajadora que obtendrá la devolución de la cuota obrera correspondiente, permaneciendo en poder de la Tesorería la parte correspondiente a la cuota empresarial sin posibilidad de devolución alguna para las empresas, para las que, como se ha señalado, las cotizaciones mensuales tienen el carácter de definitivas.

Por tanto, si de la regularización efectuada se traduce en que se ha producido un exceso de cotización, la devolución comprende las cotizaciones ingresadas de más por parte de las personas trabajadoras. En cambio, en los casos en que se hubiese optado por la regularización en base a las retribuciones, y el resultado hubiera sido a ingresar, las personas trabajadoras ingresarán tanto sus cuotas como las de la parte empresarial. La Tesorería podrá autorizarle, previa solicitud, a efectuar el ingreso por períodos mensuales diferidos en uno o más meses naturales hasta un máximo de seis, como plazos reglamentarios de pago. La opción que debe de realizar el trabajador en esta situación va a influir en el alcance de la protección del sistema, como veremos más adelante.

2.3. *Propuestas de reforma*

Son diversas las medidas de reforma que se deducen del informe de la subcomisión parlamentaria relacionadas con las especialidades que les afectan en materia de cotización (Informe de la subcomisión parlamentaria, Conclusiones y Recomendaciones, apdo. 54).

Se propone un aumento de cuotas para las empresas productoras que cotizan mensualmente por las bases diarias a cuenta y ya no son destinatarias de la regularización anual, soportada en exclusiva por los y las profesionales del sector; la propuesta es que se reduzca la diferencia en los tramos de bases a cuenta de manera que se acerquen más a las retribuciones reales.

Ciertamente, cabe plantearse este modelo de regularización que excluye a las empresas. Si se trata con ello de evitar el desequilibrio económico y la onerosidad que pueda ocasionar una regularización anual de cuotas para estas empresas, o de reducirles costes en compensación a su contribución a la cultura, una reducción de cuotas, que puede llegar a ser muy generosa, en tiempos de crisis financiera del sistema de Seguridad Social y respecto de colectivos precarizados por su modo de actividad, no es quizá una forma adecuada de atender a un sector cuya heterogeneidad aconseja hilar fino con propuestas de reforma que tengan en cuenta las diferentes realidades, ni el nivel de ingresos entre todos los que se dedican a la actividad artística es homogéneo ni el perfil de las empresas que pueden ser más o menos asiduas en la organización de espectáculos. Además, a fin de cuentas, este sistema actúa como un modo de aplicarles una bonificación en sus cuotas sin exigir que se cumplan con las mínimas condiciones que se exigen en la regulación general sobre incentivos que recoge el RD-Ley 1/2023, como la de estar al corriente de sus obligaciones tributarias y de Seguridad Social, entre otras.

En segundo lugar, se propone que también participen en la financiación de la Seguridad Social las sociedades de gestión a través de alguna fórmula que permita ingresos a cuenta en favor de las personas artistas sin necesidad de alta.

Asimismo, se añade como propuesta que, una vez llevada a cabo la regularización, los excesos de cotización, si los hubiera por tener todo el año cotizado, pudieran trasladarse a ejercicios posteriores a los efectos de cubrir la eventual falta de actividad en el siguiente ejercicio; se trata en esta ocasión de una propuesta sobre los efectos de la regularización en la acción protectora, que se recogen más adelante.

La necesidad de aumentar la financiación es la idea central que subyace en las primeras de las propuestas planteadas, propuestas lógicas y necesarias como contrapartida a las reivindicaciones que van en la dirección de obtener una mejor cobertura y protección social para el colectivo, por ejemplo, como veremos, en el caso de las reformas que se proponen respecto de la pensión de jubilación. La finalidad de aumentar ingresos y fuentes de financiación es ya un debate abierto ante la necesidad de afrontar los retos económicos a que se enfrenta el sistema de Seguridad Social en su conjunto, y ha sido intensamente atendido en las últimas reformas de pensiones que han introducido fórmulas nuevas con la finalidad de aumentar los ingresos por lo que, cualquier medida que incida en situaciones donde queda margen para ello debe ser objeto de atención.

Pero ninguna de estas medidas se ha introducido con la más reciente normativa, obviamente algunas de ellas son bastante innovadoras y exigen un estudio y análisis sobre sus consecuencias más directas, además que seguramente no es el Real Decreto-Ley la más idónea fórmula legal para llevarlas a cabo; pero en el caso de la primera, se observa una propuesta factible, razonable y necesaria, además se espera poco conflictiva, en tanto que como contrapartida también se incluyen en el citado Informe, medidas que reducen la presión fiscal a las empresas del sector. En definitiva, ninguna de las propuestas que alterarían este modelo de financiación ha sido recogida en las reformas posteriores, muy al contrario, la opción ha sido la de obtener más recursos de las personas trabajadoras para solventar algunos de sus problemas de protección social, a través de la regulación de los llamados períodos de inactividad.

3. EL ALTA Y COTIZACIÓN DURANTE PERIODOS DE INACTIVIDAD

Esta posibilidad se regula por primera vez para este colectivo entre las medidas que se introdujeron por el Real Decreto-Ley 26/2018 vigente desde el 1 de enero de 2019. Se trata de permitir que este colectivo pueda seguir de alta y cotizando durante sus periodos de inactividad. Se incorpora como novedosa especialidad con la finalidad de mitigar al menos las dificultades que se generan en el acceso a la protección social, de un colectivo caracterizado por una actividad naturalmente intermitente, incierta e inestable. Esta circunstancia puede abocar a una protección social gravemente precaria si no se adoptan y adaptan medidas específicas como pretende ser ésta.

La técnica que permite causar alta y cotizar durante periodos de inactividad, aunque es novedosa para el colectivo, no es exclusiva. Aparte de la institución del convenio especial con la Seguridad Social al alcance de cualquier colectivo que cumpla los requisitos, puede encontrarse similar posibilidad, aunque con diferencias en la regulación, en otro colectivo precisamente afectado por condiciones relacionadas con una actividad también intermitente y sujeta a cierta incertidumbre, como es la actividad agraria (art. 255 LGSS).

Por otro lado, cabe valorar muy positivamente que la regulación del texto fundamental en materia de Seguridad Social aluda por fin al colectivo de artistas y le dedique una sección específica. Para colocar esta novedosa regulación dentro del texto refundido de la LGSS, se creó una sección nueva denominada "Artistas en espectáculos públicos" en el capítulo XVII del Título II, capítulo que está dedicado a disposiciones aplicables a determinados trabajadores del Régimen General, donde se introdujo como único artículo el art. 249 *ter.* Posteriormente, el capítulo se agranda al introducirse en él el art. 249 *quater* para regular la compatibilidad entre pensión de jubilación y actividad artística, materia sobre la que más adelante se tratará. Resultaría deseable por razones de seguridad jurídica, que esa sección vaya incorporando todas las especialidades aplicables a este colectivo que actualmente y de manera muy dispersa, son recogidas en diferentes normas.

3.1. Campo de aplicación

Se trata de una medida que no delimita expresamente su campo de aplicación, pero la sola alusión concretada en las palabras "artistas en espectáculos públicos incluidos en el Régimen General de la Seguridad Social" nos lleva directamente a considerar como tales, a los que quedan sujetos a la relación laboral especial regulada en el RD 1435/1985, ya que antes de la reforma de 2022 era denominada, relación laboral especial de artistas en espectáculos públicos, y en la actualidad alude a la relación laboral especial de las personas artistas que desarrollan su actividad en las artes escénicas, audiovisuales y musicales, así como las personas que realizan actividades técnicas o auxiliares necesarias para el desarrollo de dicha actividad (art. 2.1.e) ET tras el RD-Ley 5/2022).

Teniendo en cuenta que la intermitencia es propia de ambos colectivos y la reforma los equipara a efectos de cotización haciendo coincidir, como vimos, el ámbito de aplicación del RD 1435/1985 con el del art. 32 RGC, salvo las exclusiones expresas (como los profesionales taurinos, sometidos al art. 33 RGC), la misma razón permite hacer coincidir el campo de aplicación del art. 32 RGC con el del art. 249 *ter* LGSS. De hecho, de algunos elementos de su régimen jurídico se desprenden alusiones concretas a ese modo especial de cotización, como el requisito de acreditar 20 días con "prestación real" de servicios en dicha actividad y las previsiones del apartado 5 del art.249 *ter* que fijan las reglas de complementariedad entre este régimen y la regularización anual que prevé el art. 32.5 RGC.

La ausencia de una mayor delimitación del campo de aplicación en el art. 249 *ter* permitiría mantener esta posición basándose en una interpretación teleológica de la norma, para lo cual hemos de acudir a la propia exposición de motivos del RD-Ley 26/2018 que introdujo este mecanismo de alta y cotización durante los periodos de inactividad, en el que se establece que *las medidas propuestas en esta norma...pretenden incluir a todas* las *personas, actividades y procesos intermedios que participan en la creación cultural, de forma que estas medidas sirvan para mejorar las condiciones de todos los profesionales de la cultura, independientemente de su localización territorial, sector o convenio colectivo que les sea aplicable. Como señala el informe de la Subcomisión «se apuesta por que las diferentes personas, actividades y momentos del proceso cultural entren en esta propuesta normativa: quien crea la obra y para hacerlo debe formarse e investigar, quien diseña el escenario, quien lo ilumina, quien escribe la música y quien la ejecuta, quien la promueve, quien ilustra un poema y quien lo recita, quien comisaría el conjunto, quien lo hace llegar al público y, en general, quien sostiene o gestiona todo el proceso con su trabajo, visible, invisible o ambos a la vez. Todas estas personas son indispensables para disfrutar de una obra de teatro, una exposición, un libro, una pintura, una fotografía, una película, una ópera o un concierto. Sin ellas nadie pagaría el precio de la entrada, la suscripción, el libro o la obra de que se trate»*.

No debe olvidarse que la citada reforma de 2018 ya iniciaba un recorrido de distintas reformas que de forma parcheada han venido a atender y dar respuesta a una de las reivindicaciones derivadas del Informe de la subcomisión para la elaboración de una Estatuto del Artista, que entre sus propuestas y recomendaciones en materia de protección laboral y Seguridad Social recoge expresamente *la necesidad de ampliación y adaptación de los mecanismos de cobertura social de los artistas a la nueva realidad productiva, mediante la integración en los mismos de los técnicos y personal auxiliar, incluyendo dentro de los actuales grupos de cotización a aquel personal técnico y auxiliar que no incardine en la estructura fija de la empresa productora* (Informe Subcomisión, apdo. VI, recomendación nº 30). Por lo que no tendría sentido si posteriormente se agranda el campo de aplicación del colectivo a proteger no se agrande en la misma forma el colectivo incluido en el campo de aplicación del art. 249 *ter*, cuya referencia es al campo de aplicación de la relación laboral especial, siendo ya coincidente en los términos que vimos, con el del art. 32 RGC.

Pues bien, los profesionales sometidos a este campo de aplicación, "podrán continuar incluidos en el Régimen General de la Seguridad Social durante sus períodos de inactividad" (art. 249 ter.1 LGSS).

3.2. Requisitos y solicitud de alta y baja

Para poder mantenerse incluidos durante los periodos de inactividad, y como requisitos para causar alta voluntaria por periodos de inactividad se exige no encontrarse de alta en ningún otro Régimen de la Seguridad Social, con independencia de la actividad de que se trate, por ser esta situación incompatible con la inclusión por periodos de inactividad (art. 249 ter.2 LGSS). Además, deberán de acreditarse en el Régimen General y por su condición de profesionales del sector, al menos veinte días en alta con prestación real de servicios en dicha actividad en los doce meses naturales anteriores a aquel en que se solicite, siempre que la retribución obtenida por esos días supere la cuantía de dos veces el salario mínimo interprofesional en cómputo mensual. Será denegada si previamente se hubiera producido una baja de oficio por la TGSS por falta de abono de cuotas y el solicitante no se encuentra al corriente en el pago de dichas cuotas correspondientes a periodos de inactividad anteriores.

La solicitud no está sujeta a referencia temporal alguna, por lo que puede solicitarse a la TGSS en cualquier momento, y de reconocerse, tendrá efectos desde el día primero del mes siguiente a la fecha de la solicitud. La versión inicial contemplaba esta posibilidad de manera más restringida, pues exigía que la solicitud se realizara entre los días 1 a 15 de enero de cada año, con efectos desde el 1 de enero, situación que requería que los veinte días de prestación real de servicios tuvieran que encontrarse necesariamente en el año natural anterior. Además, la retribución obtenida por esos días debía superar tres veces el SMI en cómputo mensual. La nueva redacción a partir de las modificaciones introducidas por el art. 6 del RD-Ley 8/2019, de 8 de marzo, aligera llamativamente y hace mucho más fáciles y flexibles las posibilidades de acceso al alta por periodos de inactividad.

Con la misma flexibilidad se regula la baja voluntaria en esta modalidad y puede solicitarse en cualquier momento produciendo efectos desde el día primero del mes siguiente a la fecha de solicitud ante la Tesorería; si bien, en caso de impago de cuotas durante dos mensualidades consecutivas, la baja será cursada de oficio por la Tesorería. Tampoco se han establecido límites temporales a una posible sucesión de periodos de alta y cotización con periodos de inactividad, será posible causar alta por periodos de inactividad cada vez que se reúnan los requisitos necesarios señalados más arriba (veinte días de actividad real en los doce meses anteriores, obteniendo al menos dos veces el

SMI mensual); tampoco se regulan mínimas exigencias de períodos de inactividad, con lo cual, salvo situaciones de impago, la baja en esta modalidad queda absolutamente a discreción de la persona beneficiaria.

Esta ausencia de límites lleva a considerar esta opción como una herramienta que permite al colectivo poder programarse con cierta seguridad estos períodos de inactividad a efectos, no solo de completar carreras de cotización, sino especialmente para asegurarse el acceso a determinadas prestaciones muy vinculadas a la maternidad y paternidad, con lo cual, esta herramienta se convierte también en una vía de compensar la dificultad que en este tipo de profesiones tienen las personas trabajadoras y especialmente las mujeres para acceder, entre otras, a la prestación por nacimiento y cuidado de menor, y a las de riesgo durante el embarazo y riesgo durante la lactancia natural.

Cabe plantearse si la baja debe de producirse cada vez que se curse un alta por actividad, es decir, si cuando surge un bolo o un corto período de actuaciones, debe cursarse la baja, en cuyo caso, ya no podría volver a causar alta hasta que no vuelvan a reunirse nuevamente los veinte días de prestación real de servicios con retribución que doble el SMI (art. 249.ter.3 LGSS). En relación a una posible simultaneidad con periodos de actividad que dieran lugar al alta correspondiente, la normativa se presenta con ciertas ambigüedades, pero en general puede decirse que se trata de una norma muy parca, en la que se regula muy poco, lo que significa también que no hay limitaciones más que las que expresamente se contemplen.

Por un lado, señala que la inclusión en el Régimen General bajo esta modalidad será incompatible con la inclusión *en cualquier otro Régimen del sistema de la Seguridad Social, con independencia de la actividad de que se trate.* A sensu contrario, tal incompatibilidad no se predica del mismo Régimen General en el que podría causar alta sobrevenida e iniciar puntualmente la relación laboral especial; por otro lado, tampoco se regula que el inicio de una relación de estas características actúe como una causa en la que debe tramitarse la baja, de entre las contempladas en el apartado tercero del art. 249.ter LGSS.

Todo ello nos lleva a la interpretación de que lo solicitado cuando se tramita este alta por la persona trabajadora, es poder mantenerse incluida durante los periodos de inactividad en su profesión artística o técnica, que se sucedan en adelante y hasta tanto se curse la baja en esta solicitud. Así se desprende del *"podrán continuar incluidos"*. Una vez la baja se solicite, como se ha señalado, habrá nuevamente que reunir los requisitos para realizar una nueva solicitud de alta. Así entendida, la posibilidad de cotizar por periodos de inactividad juega un papel similar al de ciertos convenios especiales de Seguridad Social que tienen como finalidad completar cotizaciones respecto de sujetos que han visto disminuida su carrera de seguro por la pérdida de algún trabajo o por tratarse de trabajadores a tiempo parcial, simultaneándolo por tanto con su alta y actividad en el Régimen correspondiente. Pero si guarda semejanza con algún otro mecanismo es con el similar regulado para personas trabajadoras por cuenta ajena en el Sistema Especial Agrario (arts. 253 y ss. LGSS) en el que efectivamente se simultanean periodos de actividad con periodos de inactividad pero con una regulación mucho más completa y con mayores exigencias para permanecer en esta situación simultánea.

La parca regulación del art. 249 ter LGSS lleva a plantearse otras cuestiones interpretativas. Qué sucedería si estando en esta situación surge una contratación que lleva a su inclusión en el Régimen general común (Código 0111); la literalidad del precepto señala la incompatibilidad con la inclusión del trabajador *en cualquier otro Régimen del sistema de la Seguridad Social, con independencia de la actividad de que se trate,* por lo que en principio una interpretación literal admitiría la compatibilidad cuando corresponda el Régimen General, aunque sea por realización de otra actividad, pero entonces pierde todo su sentido, pues la finalidad es que voluntariamente puedan nutrirse de cotizaciones y ser periodos protegidos aquellos que por la propia naturaleza de esta profesión se producen entre actuaciones o espectáculos; de hecho, no perdamos de vista que lo que se declara incompatible en el precepto es con respecto a la inclusión en el Régimen general "a que se refiere el apartado anterior", por tanto, a una parte bien concreta del régimen general, la aplicable a los artistas (Código 0112), y atendiendo a esta finalidad, *en cualquier otro Régimen* permitiría una interpretación amplia, y entender incluido el régimen común del Régimen General en tanto que el de artistas puede ser entendido como otro régimen, aunque no formal.

Asimismo, cuando lo que interrumpe el periodo de inactividad es el alta en el RETA, el sujeto deberá causar baja y dejará de cotizar por periodos de inactividad, independientemente del tipo de actividad a realizar; incluso, aunque fuera actividad artística, el alta en el RETA lleva necesariamente a la baja de esta modalidad. Perfectamente lógico en tanto que ya, como trabajador o trabajadora por cuenta propia, será también responsable de ingresar las cotizaciones correspondientes al RETA. En esta situación lo que podría producirse es un solapamiento de periodos cotizados, pues la solicitud de baja del régimen por periodos de inactividad tiene efectos desde el día primero del mes siguiente y el alta en el RETA, para no solaparse, debería producirse en el mes siguiente, ya que con carácter general tendrá efectos desde el día primero del mes en que se realiza o, en determinados supuestos, desde el día de inicio de la actividad, como vimos. Para estos casos, en tanto que la situación que se genera es de "incompatibilidad" y no posible, debería articularse la posibilidad de devolución de cuotas correspondientes al periodo de inactividad que quede superpuesto con periodo de alta en el RETA, posibilidad que sí se contempla en el momento de la regularización, como se trata a continuación.

3.3. Efectos en la regularización

Como se ha señalado, la posibilidad de devolución por solapamiento sí la prevé el apartado 5 del art. 249 *ter* y se llevará a cabo *una vez efectuada la liquidación definitiva anual* correspondiente a los artistas por contingencias comunes y desempleo prevista en el art. 32.5 RGC, será en ese momento cuando *la Tesorería General de la Seguridad Social procederá a reintegrar el importe de las cuotas correspondientes a los días cotizados en situación de inactividad que se hubieran superpuesto, en su caso, con otros períodos cotizados por aquellos*; salvo que el artista con derecho a reintegro fuera deudor de la Seguridad Social por cuotas o por otros recursos del sistema, supuesto en el que el crédito por el reintegro será aplicado al pago de las deudas pendientes con la Seguridad Social.

Puede apreciarse que el apartado 5 citado está íntegramente dedicado a regular el engranaje entre periodos cotizados como artista en activo que se sucedan con periodos cotizados como artista en situación de inactividad, y en este cometido añade un último párrafo en el que se señala que *los artistas en situación de inactividad incluidos en el Régimen General conforme a lo dispuesto en este artículo, no podrán realizar la opción contemplada en el art. 32.5.c) párrafo segundo,* del RGC.

Este apartado plantea también dudas interpretativas sobre el sujeto a quien va dirigido y sobre su alcance; es importante saber quienes no van a poder realizar la opción contemplada en el art. 32.5.c) párrafo segundo del RGC, y qué consecuencias tendrá. Como se recordará este párrafo segundo dice así: *"Una vez recibida la liquidación definitiva por el trabajador, este podrá optar, dentro del mes siguiente a la notificación de la liquidación, por abonar su importe o porque la regularización se efectúe en función de las bases efectivamente cotizadas. Si no efectuase comunicación alguna en dicho plazo, se entenderá que opta por esta última, procediendo la Tesorería General de la Seguridad Social a efectuar la nueva regularización, dejando sin efecto la primera".*

Sobre el alcance dos son las posibilidades partiendo de que la regularización no se deja de producir, lo que se prohíbe es la opción.

- La opción que no podrá realizar es la que permite elegir regularización en función de las bases efectivamente cotizadas, supuesto que, como se vió, lleva normalmente a un situación de cero ingreso o incluso, de devolución por exceso de cotizaciones durante el año. Si no puede optar por ella, solo le queda abonar el importe de la regularización por retribuciones que es la que, en primer lugar, según este párrafo, efectúa la TGSS. En esta situación el resultado será de cero ingreso si con las solas bases acumuladas ya se superara el tope máximo anual, pero si no es ese el caso, el resultado será a ingresar pudiendo llegar a ser una pesada carga económica para la persona, recuérdese que se les reclamarán las diferencias de cuotas atendiendo al tipo general establecido para las contingencias comunes y desempleo, tanto el correspondiente a la aportación empresarial como a la de las personas trabajadoras.
- Otra posible interpretación, en cambio, es la de dar preferencia a la regularización en función de las bases cotizadas, como hace el párrafo en cuestión ante una situación de silencio por parte de la persona a quien va dirigida la liquidación, *se entenderá que opta por esta última.* En contra es que la norma dice claramente *"no podrán realizar la opción"*, y si lo querido era permitir únicamente la regularización por bases, no se habría aludido a la "opción" de esta manera.

Sobre las personas que no podrán realizar la opción, las posibilidades serían:

- La medida va dirigida expresamente a *los artistas en situación de inactividad incluidos en el Régimen General conforme a lo dispuesto en este artículo,* lo cual implica que podría afectar exclusivamente a aquellos que se encuentren de alta en dicha modalidad en el momento en que corresponde realizar la opción ante la necesaria regularización, es decir, al final del ejercicio económico.

- Otra opción, realizando una interpretación del apartado 5 del art. 249 ter en su conjunto, como un apartado destinado a regular las consecuencias de que a lo largo del ejercicio se hayan sucedido periodos de actividad con periodos de inactividad "cotizada", llevaría a considerar que procede aplicarlo a todo aquel que a lo largo del año haya tenido esos periodos de simultaneidad, sea cual sea su situación al finalizar el ejercicio, lo cual no hace sino ampliar el número de sujetos afectados por esta medida que podría llegar a ser tan gravosa.

La razón de fondo pudiera ser evitar una doble devolución, la que correspondería respecto de la cuota abonada por periodos de inactividad que, tras la liquidación definitiva, resulten superpuestos con periodos cotizados, más la que eventualmente pudiera derivarse del ejercicio de opción en favor de una regularización en función de las bases cotizadas.

Si es así, unos efectos que se esperan puedan ser de tal índole, permiten mantener una interpretación en el que su campo de aplicación sea lo más contenido posible, por lo que resulta más acomodada la interpretación que limita el campo de aplicación del último párrafo del apartado 5, en sus propios y literales términos, a quienes en ese momento se encuentren de alta en esta modalidad. El sentido cabe deducirlo también de la finalidad perseguida con esta reforma plagada de elementos que quedan en manos y a voluntad del propio sujeto favoreciendo que, de forma flexible, pueda programarse sus periodos de inactividad libremente y sin condiciones temporales, por lo que podrá también actuar en consecuencia a como se espere que pueda ser su liquidación anual, pudiendo evitar encontrarse de alta por periodos de inactividad al finalizar el ejercicio si fuera necesario. Desde que el régimen de regularización se modifica en 2004 para liberar a las empresas de las liquidaciones mensuales provisionales, momento en que todo el peso de la regularización recae sobre las personas trabajadoras, se introdujo que pudieran al menos evitar la regularización en función de las retribuciones; de esta manera cada sujeto podía ya en función de su situación, elegir la regularización que más le conviniese, especialmente a efectos de periodos cotizados y protección. Plantearnos ahora, que estamos en presencia de un mecanismo fruto de las reivindicaciones del propio sector y reflejo normativo del trabajo alcanzado en la subcomisión parlamentaria, que se está limitando aquella capacidad de opción no está en consonancia con la propia reforma por lo que debe ser interpretado en los términos más favorables que la norma permita.

3.4. La cuota durante los periodos de inactividad

A la determinación de la cuota a ingresar durante los periodos de inactividad se le dedica el apartado 4 del art. 249 ter. Un apartado también parco y escaso en contenido del que se desprenden las siguientes reglas:

- Se trata de una cuota cuyo obligado único y responsable del cumplimiento de la obligación de cotizar y del ingreso de la cuota es en exclusiva, el propio trabajador o trabajadora.
- La cotización es de carácter mensual
- La cuota se obtiene aplicando el tipo del 11,50 por ciento sobre la base mínima de cotización correspondiente al grupo 7 de la escala de grupos de cotización del Régimen General.

Se trata de la misma fórmula empleada para calcular la cotización por periodos de inactividad en el sistema especial agrario para trabajadores por cuenta ajena, aunque parece desprenderse una diferencia importante, pues en el sistema especial agrario la norma permite que solo se cotice por los concretos días de inactividad en el mes de la liquidación, siendo la liquidación el resultado de multiplicar el número de días de inactividad en el mes por la base de cotización diaria correspondiente al Régimen General y por el tipo de cotización aplicable (art. 14.2 Orden de cotización para 2024). A diferencia de lo que ocurre con el art. 249 ter LGSS, las normas que regulan la cotización durante los periodos de inactividad en ese sistema especial cuentan con un amplio desarrollo en las correspondientes Ordenes anuales de cotización, en cambio, respecto de los artistas y profesionales implicados, la única regulación es la contenida en el apartado 3 del art. 11 de la Orden de cotización para reiterar sin más precisiones lo que el art. 249 ter establece en relación a la identificación de la base y del tipo aplicable.

Calculada con las bases de 2024, la cuota asciende al resultado de aplicar el 11,50 por ciento a 1323,00, lo que arroja una cuota de 152,14 €/mes.

Recuérdese que el apartado 5 del art. 249.ter contempla al final de año, una vez producida la liquidación definitiva, la devolución del importe de las cuotas correspondientes a los días cotizados en situación de inactividad que se hubieran superpuesto, en su caso, con otros periodos cotizados. Superposición que puede producirse tanto respecto de los días efectivamente trabajados, como de los días asimilados a cotizados que se generan, como veremos, tras la regularización y liquidación definitiva.

4. LA COMPLEJIDAD ENTORNO A LA ACCIÓN PROTECTORA

En materia de acción protectora se prevén diversas especialidades. Con carácter general, la mayoría no hacen sino tratar de adaptar las reglas del régimen común para compensar la existencia de esos periodos de no trabajo que por naturaleza dominan en esta profesión; en otros casos, se diseñan prestaciones concretas únicamente para el colectivo.

De entre las primeras, la principal que siempre ha asistido a este colectivo persigue facilitarles el acceso a las prestaciones de la Seguridad Social, es decir, el cumplimiento de los requisitos generales propios de nuestro modelo contributivo de Seguridad Social. El art. 165 LGSS regula como requisitos generales, por un lado, que el sujeto se encuentre de alta o en situación asimilada al alta en la fecha del hecho causante, requisito que se flexibiliza para el acceso a las pensiones, aunque a veces a costa de endurecer otros requisitos. Con carácter general, en el momento en que se requiere la protección hay que estar realizando la actividad y en alta en la Seguridad Social, o al menos, en alguna de las situaciones que el ordenamiento considera como si estuviera de alta, las llamadas situaciones asimiladas al alta, que permiten el acceso a la protección y que ya diseña el propio modelo de Seguridad Social para flexibilizar el rígido requisito que exige estar de alta y trabajando en el preciso momento en que surge la necesidad a proteger. Para el colectivo de artistas, se aplican las mismas situaciones asimiladas al alta que para el resto de las personas integradas en el Régimen General pero además se diseña un propia y específica, como vemos a continuación, en el art. 9 RD 2621/1986. El segundo de los requisitos generales que contempla el art. 165 LGSS para el acceso a las prestaciones, es el de haber cotizado durante un tiempo determinado, diferente para cada prestación y a veces distinto en función de las circunstancias, siempre exigible salvo que se establezca expresamente lo contrario, como así ocurre con carácter general, con las prestaciones derivadas de contingencias profesionales así como con las derivadas de accidente no laboral siempre que, en este último caso, se cumpla con el requisito de estar de alta o al menos, en situación asimilada al alta.

Reunir ambos requisitos realizando una actividad en la que se realizan periodos cortos, muy cortos y de forma intermitente, es una de las grandes dificultades que afectan al colectivo de artistas, por ello, ya desde el momento en que fueron integrados en el Régimen General, la normativa de integración atrajo del régimen anterior una de sus principales especialidades: se trata de la posibilidad de considerar días cotizados, no solo los que coinciden con la prestación efectiva de servicios, sino también los días asimilados. Es decir, los días computables a efectos de prestaciones serán tanto los días efectivamente trabajados, como los días en que, a pesar de no haberse prestado servicios, se permite que sean computados como *días asimilados*, que a su vez son considerados periodos en situación de alta.

4.1. Los días asimilados a días efectivamente cotizados y en alta

El cálculo de los días cotizados se realiza al finalizar el año, va ligada a la regularización de la cotización y depende directamente de la opción elegida por el sujeto ante la liquidación que realiza la Tesorería. Por esta razón, la opción que han de tomar estos profesionales cuando se les presenta la liquidación definitiva entre regularizar en base a las retribuciones obtenidas durante el año o en función de las bases cotizadas, repercutirá directamente en su nivel de protección.

El art. 9 RD 2621/1986 regula cómo efectuar el cálculo para saber cuántos días se considerarán cotizados en ese periodo. Si la base anual definitiva por la que finalmente se ha cotizado tras la oportuna opción, dividida por 365, arroja un resultado inferior a la base mínima diaria del grupo de cotización al que pertenezca el trabajador o trabajadora, habrá que dividirla por esta base mínima diaria para saber cuántos días se consideran cotizados en ese año. Si el resultado, en cambio, no es inferior a la base mínima citada, se considerará cotizado el año entero. Esto significa que quienes hayan alcanzado el nivel del salario mínimo interprofesional, en cómputo anual y reuniendo toda la actividad realizada para diferentes empresas en el año, prácticamente tienen asegurado que se les considere cotizado el año entero, salvando las distancias de las categorías de los grupos 1,2 y 3 de cotización cuyas bases mínimas están siempre por encima del nivel del salario mínimo interprofesional. Por ejemplo, utilizando datos de 2024, en el grupo 3 de cotización en el que, entre otros, se encuentran músicos, cantantes, bailarines y actores, es solo ligeramente superior (1332.90 €/mes) a la base mínima del resto de categorías inferiores cuya base mínima es la coincidente con el salario mínimo interprofesional (1323 €/mes); las diferencias son mayores respecto de los grupos 1 y 2 de cotización, donde se encuadran, como vimos, directores coreográficos, de orquesta, segundos directores...,que requieren de mayor nivel de retribuciones anual para considerar cotizado el año entero; la base mínima del grupo 1 está en 1847,40 €/mes y en el grupo 2 es de 1532,10 €/mes. La heterogeneidad del colectivo lleva a que las mismas normas produzcan efectos muy diversos, todo depende del nivel de retribuciones en el que puede haber diferencias importantes de unos artistas a otros y más directamente, de la opción que realice la persona trabajadora en el momento de efectuar la regularización.

Una vez realizada la operación de cálculo, nos arrojará el número de días que se considerarán cotizados en ese año y tales días, como señala el art. 9.2 RD 2621/1986 tendrán también la consideración de asimilados al alta: *con independencia de las situaciones de asimilación al alta que, para las distintas contingencias y situaciones, se prevén en el Régimen General de la Seguridad Social, se considerarán como asimilados al alta los días que resulten cotizados por aplicación de las reglas contenidas en los números anteriores, y que no se correspondan con los de prestación real de servicios.* Así es recogido en norma posterior como es el apdo. 10 del art. 36 del RD 84/1996 que regula entre las llamadas situaciones asimiladas a la de alta para el colectivo de artistas, *los días que resulten cotizados por aplicación de las normas que regulan su cotización, los cuales tendrán la consideración de días cotizados y en situación de alta aunque no se correspondan con los de prestación de servicios.*

Por otro lado y como se señaló, el campo de aplicación de las medidas especiales tradicionales previstas para artistas deben acomodarse para acoger a los colectivos que, por su íntima y directa relación con el colectivo de artistas, han sido incluidos y han agrandado el campo de aplicación de la relación laboral especial a partir de la reforma de 2022; por lo tanto, esta medida especial que contempla el art. 9 RD 2621/1986 debe extenderse a aquellos a quienes se les apliquen las especialidades de cotización del art. 32 RGC, por tanto, cuando una norma como el art. 36 RD 84/1996 habla de artistas, debe entenderse incluido también el colectivo de auxiliares y técnicos que por reunir los requisitos de la relación laboral especial prevista en el RD 1435/1985, deben aplicárseles las normas especiales de cotización previstas para dicho colectivo así como aquellas que vayan directamente relacionadas con ellas y basan su finalidad en la compensación de la intermitencia propia de la profesión; el art. 9 RD 2621/1986 es consecuencia directa de la forma de cotizar que preveía el art. 8 RD 2621/1986, y que pasó a contenerse en el actual art. 32 RGC, como ya vimos.

Por último, los días considerados como cotizados que se extraigan de la correspondiente regularización, cuando el resultado sea inferior al año completo, han de ser llevados al calendario, para ello se regula el siguiente procedimiento: *...los días asimilados al alta que resulten cotizados por aplicación de las reglas contenidas en los números 1 y 2 del artículo 9 del Real Decreto 2621/1986, de 24 de diciembre, y que no correspondan con los de prestación real de servicios, se distribuirán entre los meses del año por partes iguales, sin que, en ningún caso, puedan resultar dentro de un mismo mes más días cotizados de los que lo integran. Una vez efectuada dicha distribución, los días que excedan se asignarán al último mes, o meses, del año en que subsistan días sin cotizaciones efectivas y asimiladas. Los días que, en virtud de la distribución regulada en el párrafo anterior, correspondan a cada mes, se entenderán cumplidos a partir del inicio de dicho mes, y en los días en que no haya existido prestación real de servicios* (art. 10 Orden 20 de julio de 1987).

Conforme al citado procedimiento se entiende que del número total que surja se restan los que hayan sido días efectivos de prestación real de servicios que además se mantienen en sus fechas reales en el calendario; el resto, que serán los realmente asimilados a cotizados, se colocan de la manera señalada, con una distribución mensual y por partes iguales; reparto que no tiene una racional justificación, es prácticamente aleatorio, y en tanto que también serán días asimilados al alta, determina qué días serán de protección pero también qué días no lo serán, basándose en el hecho puramente casual de que la norma integre de esta manera y a partir de los primeros días de cada mes.

Un paréntesis en este punto para señalar que hay una marcada diferencia con respecto a los profesionales taurinos, cuya regulación de su especialidad de cotización, muy parecida a la del art. 32 RGC, también está sometida a un procedimiento anual de regularización del que saldrán días asimilados a cotizados (art. 33 RGC); pero estos días únicamente causan efectos en materia de reconocimiento de periodos cotizados (art. 15 RD 2126/1986), porque se les considera en alta durante todo el año a partir de su inscripción anual y a primeros de año en el censo de activos, debiendo efectuar para ello una declaración ante la Tesorería de su permanencia en el ejercicio profesional durante la temporada taurina correspondiente a dicho año; permanencia que se acredita habiendo participado al menos en ocho espectáculos en el año anterior (art. 13 RD 2621/1986); dicha inscripción implicará por tanto, la consideración en situación de alta, a todos los efectos, durante cada año natural (art. 43.1 RD 84/1996). Se basa por tanto el procedimiento en la exigencia de haber realizado una mínima prestación de servicios durante el año anterior. En el caso de artistas, en cambio, tal posibilidad no está prevista, y para ellos la técnica utilizada para conseguir esa situación de continuidad pasa por solicitar el alta durante periodos de inactividad, pero es una situación en la que además de mantenerse en situación asimilada al alta se mantienen cotizando y a su exclusivo cargo como vimos, y para cuyo acceso se les requiere un mínimo de 20 días con prestación real de servicio durante los doce meses anteriores.

En cuanto al alcance de los días que se consideren cotizados dentro de cada año natural y que no se correspondan con los de prestación de servicios, *se considerarán asimilados al alta tanto para causar derecho a prestaciones como a efecto de completar el período mínimo de cotización exigible, para la determinación del porcentaje de la pensión de jubilación y para el cálculo de la base reguladora de las prestaciones.* (art. 3 Orden de 30 de noviembre de 1987).

Los efectos en su acción protectora se proyectan al menos en cuatro aspectos:

1) se considerarán como cotizados y podrán ser computados para calcular los períodos exigidos para el acceso a las prestaciones, de todas las prestaciones en las que este requisito se exija, al no haber regulación que excluya ninguna en particular. En el caso de la prestación por desempleo, la normativa de integración hace especial alusión a la misma puesto que la normativa común se caracteriza porque en el cómputo de la carencia y para determinar su duración, solo pueden computarse los períodos de "ocupación cotizada" (art. 266 y 269.1 LGSS), de ahí que la correspondiente norma de integración expresamente señale que también para desempleo podrán computarse días asimilados (art. 3 RD 2622/1986). En la regulación de la prestación por desempleo, desde la derogada Ley 31/1984 en la redacción vigente en aquel momento, los periodos de "ocupación cotizada" se señalan expresamente para el cómputo de la duración de la prestación, razón por la cual en el art. 3 RD 2622/1986 aparece la referencia única a la duración, no siendo necesario advertirlo para la carencia o requisito de acceso, respecto al que, tanto el art. 5 de la Ley 31/1984 vigente en aquel momento, como el actual art. 266 LGSS, al regular el requisito de acceso, no contienen la referencia a periodos de

"ocupación cotizada" sino que, a estos efectos, simplemente se remiten al artículo que regula la duración de la prestación; de ahí pues la única referencia expresa a duración en el art. 3 RD 2622/1986.

2) Se considerarán como cotizados para determinar el porcentaje de la pensión de jubilación. En este caso, en que la cuantía depende también de los periodos cotizados, era necesaria la alusión expresa para poder ser tenidos en cuenta a estos efectos. Posteriormente la regulación de la jubilación ha ido evolucionando y también para establecer el requisito de la edad se han de tener en cuenta los periodos cotizados, situaciones que la norma de integración no pudo prever, y que habrá que ir resolviendo conforme a la normativa más actual.

3) También se considerarán cotizados para el cálculo de las bases reguladoras de las prestaciones; esos días considerados como cotizados, integrarán por tanto las bases reguladoras evitando que se consideren lagunas de cotización.

4) Por último, se considerará que son períodos en los que el sujeto se encuentra en situación asimilada al alta, requisito que también es necesario para tener derecho a un importante número de prestaciones o subsidios, como la incapacidad temporal o la prestación por nacimiento y cuidado de menor y que, en relación a las pensiones, permite el acceso a las mismas en mejores condiciones. Así pues, para este colectivo, además de las situaciones asimiladas al alta previstas en las normas del Régimen General, también se considerarán en situación asimilada al alta, los días que se asimilen a días cotizados (art. 9.2 RD 2621/1986).

Se trata de una normativa que siendo positiva, ya que intenta mejorar la situación del colectivo en vistas al acceso y a la cuantía de las prestaciones, sin embargo, su aplicación práctica plantea interrogantes, muchos de los cuales han sido abordados ante los Tribunales.

4.2. Problemática respecto a prestaciones concretas

Como se ha señalado, la definitiva regularización anual arrojará el número de días que habrá que entender cotizados durante el año natural y la colocación en el calendario de los días asimilados a cotizados también implica su consideración como días en alta. Esto es muy importante para el acceso al derecho, ya que las prestaciones temporales o subsidios tales como la prestación de incapacidad temporal o la de nacimiento y cuidado de menor, exigen necesariamente la situación de alta o asimilada en la fecha del hecho causante, por tanto la fecha de la baja médica o, en su caso, la fecha del nacimiento o adopción del hijo determinarán el inicio y acceso a la correspondiente prestación por lo que debe coincidir con las fechas en las que, o bien se trabaja efectivamente y por tanto se halla la persona trabajadora de alta real, o bien se encuentra en alguna situación asimilada al alta común que abren paso a estas prestaciones, por ejemplo percibiendo prestación por desempleo, o bien coincide con un día asimilado a día cotizado y a día de alta por efecto de la regularización.

En la Sentencia del TSJ de la Comunidad Valenciana, de 23 de septiembre de 2008 (rec. 4342/2007) se cuestiona precisamente el derecho a una prestación por maternidad que finalmente es denegada por no haberse producido el hecho causante o nacimiento del hijo un día de alta ni haber coincidido con uno de los días asimilados, ya que consecuencia de esta normativa, la trabajadora tenía integrados los primeros quince días del mes, y el nacimiento tuvo lugar con posterioridad. En otros supuestos la coincidencia del hecho causante con un día asimilado ha llevado al reconocimiento del derecho, como puede verse en Sentencia de TSJ de Galicia de 1 de marzo de 2012 en materia de incapacidad temporal (rec.4257/2009) y la de TSJ de Santa Cruz de Tenerife de 17 de abril de 2006 (rec.170/2006).

Por otro lado, aunque el reconocimiento de días asimilados a cotizados sea consecuencia de la regularización anual y ésta se produzca al final del año, es evidente que las situaciones de necesidad se van a producir en cualquier momento y situándose la fecha del hecho causante en una fecha determinada, hay que realizar el ajuste en ese momento y atender a una adelantada y parcial regularización de un periodo determinado, cuestión que también afecta al cumplimiento de los periodos cotizados para el acceso a estas prestaciones, pues deben de poder acreditarse en la fecha del hecho causante. Será necesario efectuar una primera y provisional regularización respecto a los periodos anteriores a la fecha del hecho causante, que proporcionará la información sobre si la persona beneficiaria cumple el período de carencia necesario y el requisito de alta o situación asimilada al alta, si cumple, por tanto, los requisitos para acceder al derecho (STSJ de Madrid, de 4 de marzo de 2004, rec. 602/2004 y STSJ de Galicia, de 1 de marzo de 2012, rec.4257/2009). El cálculo de estos periodos cotizados en una fecha en la que todavía no ha concluido el año puede arrojar ya la consideración de días asimilados a cotizados posteriores al hecho causante, y cabe plantearse si pueden computarse esos días posteriores si fueran necesarios para reunir el periodo de cotización.

Esta problemática fue tenida en cuenta por la normativa de integración a través de la Resolución de 7 de septiembre de 1989, sobre reconocimiento de la prestación de incapacidad temporal a artistas y profesionales taurinos, y posterior regularización de su cotización definitiva. Se trata de una norma que, a pesar del título, regula instrucciones a tener en cuenta en el caso de que haya que realizar regularizaciones parciales y adelantadas por el acceso a prestaciones de incapacidad temporal (antes incapacidad laboral transitoria) y a prestaciones por desempleo; se trata de instrucciones necesarias para la coordinación en la actuación de las entidades que deben intervenir: la entidad gestora que debe reconocer el derecho (INSS o SEPE) y la Tesorería, que es quien debía efectuar la regularización, todo ello y según la exposición de motivos de la citada Resolución, *a los efectos del reconocimiento inmediato de dichas prestaciones al producirse el correspondiente hecho causante.* En esta Resolución se dan instrucciones que permiten establecer reglas sobre estas regularizaciones provisionales y necesarias cuando se produce el hecho causante de alguna de estas prestaciones, como son que el periodo a regularizar será el comprendido entre el día 1 de enero, o en su caso, el día de alta inicial en el Régimen General como artista y la fecha del hecho causante de las prestaciones antes señaladas; debe entenderse que será el 1 de enero teniendo en cuenta que la regularización anual se produce atendiendo al periodo del ejercicio económico o periodo natural del año, por lo que la referencia al día del alta inicial como artista en el Régimen General que hace esta norma se refiere al alta primera en calidad de artista en la vida de la persona, en cuyo caso, no habrá todavía regularizaciones de períodos anteriores y tendría sentido que el periodo a regularizar se iniciara en ese momento del año en que inicia la actividad en lugar de situarlo en el 1 de enero.

En cuanto a la posibilidad de que una vez realizada la regularización parcial, ésta arroje días asimilados posteriores al hecho causante y no se reúna el periodo de cotización necesario para el acceso a la prestación de incapacidad temporal, la norma opta por la solución de retrasar el nacimiento del derecho a la prestación económica cuando los días posteriores al hecho causante sean necesarios para reunir el periodo de carencia; concretamente en la instrucción cuarta la citada Resolución de 7 de septiembre de 1989, señala que cuando el sujeto en el momento de la baja médica no tuviera el periodo de carencia, pero las bases de cotización por las que se ha liquidado anteriores al hecho causante, fuesen suficientes para cubrir dicho periodo... *no se iniciará el percibo de la prestación de incapacidad temporal hasta el día siguiente a aquél en que finalice el periodo de tiempo necesario para cubrirlo...siempre y cuando se mantenga la situación de incapacidad temporal.*

Se soluciona, como puede apreciarse, articulando un periodo de espera que no debería significar un periodo de pérdida de días de incapacidad temporal similar a lo que ocurre con la incapacidad temporal en situación de huelga legal, pues el hecho causante se produce estando en situación asimilada al alta válida para incapacidad temporal y con la actividad realizada hasta esa fecha ya se reúne el derecho a la prestación de incapacidad temporal derivada de enfermedad común; es la necesidad de colocar esos días en el calendario lo que provoca el tiempo de espera para el inicio de la prestación, situación que no debería impedir el nacimiento del derecho, debiendo articularse la posibilidad de iniciar la prestación económica en su tiempo conforme a las reglas comunes del art. 173 LGSS, como una especialidad más para el colectivo en estas situaciones en las que los requisitos se van a reunir a posteriori. En esta situación se verán también las mujeres que requieran de la baja médica en la situación especial protegida ante la gestación desde el día primero de la semana trigésima novena (art.172.a) LGSS), situación en la que se exige reunir el periodo de cotización previsto para la prestación por nacimiento y cuidado de menor y en la que, si procede aplicar el periodo de espera, puede hacer imposible el acceso a la protección, poniéndose de manifiesto una vez más la dificultad que tienen ellas para el acceso a las prestaciones lo cual incide directamente en agrandar la brecha de protección por razón de género ya presente en nuestro sistema de Seguridad Social. La solución propuesta no es una solución innovadora, pueden encontrarse en el régimen común situaciones que han flexibilizado el requisito de tener cubierto el periodo de carencia en la fecha del hecho causante, cuando puede reunirse en un momento posterior, por ejemplo, en el caso de la prestación por nacimiento y cuidado de menor la posibilidad contemplada en el art. 178.2 LGSS de la que también se beneficiarán las mujeres de este colectivo ante el nacimiento de un hijo cuando se inicia el permiso laboral antes del parto, pues se tomará *como referente el momento del parto a efectos de verificar la acreditación del periodo mínimo de cotización...*

También con la prestación por desempleo se han planteado ante los Tribunales similares cuestiones relacionadas con los periodos asimilados a cotizados. La posibilidad de retrasar el nacimiento de la prestación para incluir periodos asimilados posteriores a la situación legal de desempleo no ha sido regulada por la citada Resolución de 1989 que únicamente contemplaba el caso de la incapacidad temporal, no hay base por tanto para aplicar norma especial ante la prestación por desempleo, según la cual y conforme a las normas comunes, el requisito de cotización debe reunirse dentro de los seis años anteriores a la situación legal de desempleo o al momento en que cesó la obligación de cotizar (art. 266.b) LGSS) y la duración de la prestación depende del tiempo cotizado, y respecto a la que también se pueden computar los días asimilados (art. 3 RD 2622/1986). La STSJ de Madrid de 4 de marzo de 2004 (rec. 602/2004) respecto a la validez de una situación legal de desempleo que se produce a la finalización de la actividad pero que suponiendo el cese de la prestación real de servicios no implica en cambio la extinción de las cotizaciones puesto que, por aplicación de la regularización se deben añadir días cotizados que serán posteriores a la fecha de la situación legal de desempleo. Respecto a ello, la citada Sentencia interpreta la correspondiente normativa de integración y señala en primer lugar, que cuando la prestación de servicios concluye antes del año natural, las reglas establecidas habrán de experimentar las correcciones proporcionales correspondientes para computar, exclusivamente, la parte del año natural trabajado; que sería absurdo extender el periodo cotizado a tener en cuenta más allá de la fecha de extinción del contrato, carece de toda lógica y choca frontalmente con el espíritu y filosofía de la protección por desempleo que pudiera tomarse en consideración un periodo en el que el beneficiario ya se encontraba en situación legal y real de desempleo.

Esta solución implica por tanto que hayan quedado periodos cotizados posteriores a la situación legal de desempleo que no se han utilizado para generar ese derecho, lo que lleva a plantearnos si respecto a un futuro derecho a desempleo tales períodos de cotización asimilada podrán computarse, y así parece que debe ser en tanto que en puridad no habrán sido computados para el reconocimiento de un derecho anterior y se cumpliría con la limitación contenida en el apdo.2 del art. 269 LGSS. Además puede argumentarse a partir de cómo se prevé que se realicen las regularizaciones parciales, pudiendo haber más de una incluso si durante el año se accede más de una vez a las prestaciones correspondientes; al respecto la Resolución citada de 1989 contempla la situación de que de la regularización parcial, puede resultar un exceso sobre las bases de cotización cuyo cómputo global en el periodo ha podido superar la base máxima, dicho exceso que sobre la suma de las bases máximas mensuales haya podido existir y que por ello, no haya integrado la base reguladora de las prestaciones primeramente causadas, se aplicará a la regularización o regularizaciones posteriores (Instrucción 3ª, 1.b). De igual manera puede mantenerse que el exceso de días reconocidos que arroja el primer periodo y no hayan sido tenidos en cuenta para el reconocimiento del derecho correspondiente a ese periodo, pueda ser utilizado para el reconocimiento de un derecho posterior a desempleo.

También señala la Resolución de 1989 que las bases de cotización correspondientes a periodos de actividad posteriores a los hechos causantes de las prestaciones, en ningún caso podrán ser imputadas a días naturales anteriores al momento de dicho hecho causante, ni integrar la base reguladora de la prestación anteriormente reconocida. Es decir, que sólo tendrán efectos para las futuras prestaciones que puedan causarse Instrucción 3ª.2) y que los periodos de percepción de cualquiera de estas prestaciones no serán objeto de regularización, quedando integrados dichos periodos por las bases por las que se haya cotizado en dichas situaciones. *Es decir, no se imputarán a dichos días los excesos de retribución que puedan existir por los periodos de activo* (Instrucción 3ª.3).

Por otro lado, en materia de desempleo similar problemática se ha planteado respecto de la reanudación de una prestación en suspenso. El régimen jurídico de esta prestación contempla su suspensión cuando se inicie nuevamente la actividad por cuenta ajena y su reanudación posterior cuando esa actividad cese y haya sido inferior a doce meses de duración. La cuestión que se ha planteado es si, ante este segundo cese, debe la persona beneficiaria esperar a que transcurran los días asimilados correspondientes para reanudar la prestación por desempleo que quedó en suspenso. En esta cuestión plantea el Servicio público de empleo la incompatibilidad de la percepción de la prestación por desempleo con los días que se consideran asimilados a días cotizados, sin embargo, las siguientes Sentencias desestiman su pretensión dando validez a la fecha de la situación legal de desempleo. En STSJ de Madrid, de 14 de febrero de 2013 (rec.5393/2012), entre otras, se argumenta principalmente a partir de la normativa común de la prestación, en la que lo que importa es que el sujeto se vuelve a encontrar en situación legal de desempleo. Así, según *el artículo 212.1 d) de la Ley General de la Seguridad Social (actual LGSS) el derecho a la percepción de la prestación por desempleo se suspenderá por la Entidad Gestora mientras el titular del derecho realice un trabajo por cuenta ajena de duración inferior a doce meses, o mientras el titular del derecho realice un trabajo por cuenta propia de duración inferior a veinticuatro meses. El artículo 212.4 de la Ley General de la Seguridad Social dispone que la prestación o subsidio por desempleo se reanudará previa solicitud del interesado, en los supuestos recogidos en los párrafos b, c, d y e del apartado 1, siempre que se acredite que ha finalizado la causa de suspensión, que, en su caso, esa causa constituye situación legal de desempleo. Además, se indica en dicho precepto que el derecho a la reanudación nacerá a partir del término de la causa de suspensión siempre que se solicite en el plazo de los quince días siguientes, y la solicitud requerirá la inscripción como demandante de empleo si la misma no se hubiere efectuado previamente….Por tanto, si lo que está reclamando no es "un nuevo derecho" sino seguir percibiendo el reconocido, el requisito que debe ser analizado por la Entidad Gestora para determinar si procede esa reanudación es, simplemen-*

te, el relativo a si el trabajador está en situación legal de desempleo como consecuencia de haber finalizado la causa de suspensión de la prestación... Y eso es lo que ha hecho la sentencia recurrida para determinar que el trabajador fijo discontinuo, cuando termina su actividad, se encuentra en esa situación.

Por otro lado, en Sentencia posterior se recurre también al argumento de que debe respetarse el *concepto de ocupación cotizada* de la normativa común aplicable a la prestación por desempleo, que *no es predicable de un período en el que, precisamente por la extinción contractual, es imposible hablar de "ocupación"* (STSJ de 28 de junio de 2013, rec.6839/2012). En el mismo sentido, entre otras, STSJ de Madrid de 18 de febrero de 2016 (rec.608/2015).

La cuestión es que la sobrevenida simultaneidad entre días asimilados a cotizados y períodos de obtención de prestaciones es un aspecto sobre el que esta escasa normativa no se pronuncia, tan solo en la citada Resolución de 7 de septiembre de 1989 se señala que los periodos en que haya habido prestaciones de desempleo o incapacidad temporal no se incluirán en la regularización a realizar al finalizar el ejercicio, quedando integrados por las bases por las que se haya cotizado en dichas situaciones. Ninguna otra norma que resuelva cómo afectan a las prestaciones ya reconocidas los días asimilados a cotizados coincidentes con las mismas y que derivan de la situación laboral anterior al hecho causante.

La finalidad de una normativa que permite extender el tiempo cotizado más allá de los días efectivos de trabajo adaptándose así a la especialidad del modo de trabajo intermitente de este colectivo, persigue precisamente causar el beneficio de facilitarles el acceso a la acción protectora que de otra manera verían muy mermado. No habiendo una normativa específica de integración en este caso, como sí la hay en el caso señalado anteriormente de la incapacidad temporal, no puede interpretarse de manera que acabe obstaculizando el acceso a las diferentes prestaciones y se debe de atender a la solución más favorecedora de acuerdo a la finalidad protectora del sistema.

No debe olvidarse que la normativa de integración únicamente regula el caso de la prestación por incapacidad temporal y solo contempla el periodo de espera cuando los días asimilados a cotizados posteriores al hecho causante son necesarios para alcanzar el período de cotización para el acceso a la prestación, pero no en otro caso. Por tanto, aunque la regularización arrojara la existencia de días asimilados posteriores al hecho causante, cuando ya en ese momento se reúnen los requisitos necesarios, no deben impedir ni obstaculizar de ninguna manera el nacimiento del derecho a cualquier prestación.

Muy relacionado con ello se han planteado cuestiones sobre incompatibilidad de prestación y trabajo en el que se ha tenido que interpretar en consonancia. En STSJ de Madrid, de 31 de marzo de 2008 (rec.3450/2007), puede apreciarse cómo la Entidad Gestora pretende considerar como infracción y aplicar una suspensión de tres meses de prestación por maternidad, a la trabajadora que, percibiendo la prestación y transcurrido el periodo de descanso obligatorio, es contratada para dos funciones por las que fue dada de alta dos días. Entiende el citado Tribunal en este caso que es el periodo de maternidad en que el bien protegido no es ya la recuperación de la madre, sino el cuidado del hijo, de ahí que la ley incluso permite compatibilizar la prestación por maternidad con el trabajo a tiempo parcial, por ello la incompatibilidad que cabe aplicar debe actuar solo respecto de los dos días de alta, sin sumar los días asimilados que puedan implicar, por lo que conlleva la pérdida de la prestación correspondiente solo a estos dos días.

En otros casos se ha planteado con la pensión de jubilación el alcance de la incompatibilidad con el trabajo a efectos de determinar el reintegro de la prestación indebidamente percibida; en esta ocasión, como se tratará más adelante, aunque algún pronunciamiento judicial la declara incompatible también con los días asimilados, la mayoría de pronunciamientos judiciales y en distintas sedes mantienen la postura contraria de forma unitaria.

En general ha podido apreciarse con esta muestra de doctrina judicial las diferentes cuestiones interpretativas que ha planteado la aplicación del régimen común de las prestaciones al colectivo de artistas debido a la dificultad de encajar estos períodos asimilados que surgen de la o las correspondientes regularizaciones. Respecto a la incapacidad temporal no puede señalarse regulación legal posterior que contradiga la especialidad en relación al periodo de espera, y aunque iba destinada también a la maternidad, entonces considerada dentro de las situaciones de incapacidad laboral transitoria, el pase a prestación autónoma trajo consigo con el tiempo su propia regulación, acompañada de una extensa regulación reglamentaria, a la que hay que atender como única aplicable. Precisamente el RD 295/2009 dedica una pequeña atención al colectivo para recoger su especialidad, así puede verse la referencia en el art.24 que regula entre las situaciones asimiladas al alta la correspondiente a (4ª) *los días que resulten cotizados por aplicación de las normas que regulan su cotización, los cuales tendrán la consideración de días cotizados y en situación de alta, aunque no se correspondan con los de prestación de servicios.* También regula una específica base reguladora para el cálculo de las prestaciones por nacimiento y cuidado de menor, coincidente también con la norma de integración que para incapacidad temporal señala la misma, como *el promedio diario que resulte de dividir por 365 la suma de las bases de cotización de los doce meses anteriores al hecho causante, o el promedio diario del período de cotización que se acredite, si éste es inferior a un año*; esta base reguladora es aplicable también a las prestaciones por riesgo durante el embarazo y riesgo durante la lactancia natural (arts. 7, 25 y 34 RD 295/2009).

En el caso de incapacidad temporal, además de contar en la normativa de integración con una específica base reguladora similar a la señalada anteriormente (STSJ de Cataluña, de 10 de enero de 2008, rec.690/2005), no se aplica el pago delegado conforme al art.36.1.a) Orden

TAS/1562/2005, lo que es razonable ante la vida efímera de los contratos por regla general, pero que, como se señaló por Hurtado (2006, p.621) parece haberse extendido más allá de lo que la norma de integración inicialmente preveía.

5. ACCIÓN PROTECTORA DURANTE LOS PERIODOS DE INACTIVIDAD

Expuestas las dificultades con las que se encuentran los y las artistas para generar el derecho a las prestaciones, especialmente aquellas a las que no puede accederse si no coincide el hecho causante con un día de alta o asimilado y cuya problemática judicial ha podido apreciarse en el apartado anterior, cabe ahora efectuar la reflexión de si la modalidad de cotización durante periodos de inactividad vendrá a resolver algunos de estos problemas.

El apartado 6 del art. 249 *ter* tiene dos partes claramente diferenciadas, una primera que recoge los aspectos protectores del sistema de Seguridad Social que alcanzan a la persona en alta durante sus periodos de inactividad y una segunda que configura una prestación *ad hoc* para este colectivo puesto que técnicamente no se corresponde con ninguna de las reguladas en el sistema de Seguridad Social.

5.1. Las prestaciones accesibles durante los periodos de inactividad

Señala el apartado 6 del art. 249 *ter* que durante los períodos de inactividad *la acción protectora comprenderá las prestaciones económicas por maternidad, paternidad, incapacidad permanente y muerte y supervivencia derivadas de contingencias comunes, así como jubilación.*

En primer lugar, hemos de plantearnos el alcance del término "acción protectora", y a falta de limitaciones expresas hemos de interpretar que tales periodos de inactividad han de ser válidos para las prestaciones que se señalan, tanto para reunir el requisito general de encontrarse de alta o en situación asimilada al alta, que permite el acceso a las mismas, como para considerar válidos los períodos de inactividad como periodos cotizados a efectos de reunir el requisito de carencia o cotización que para cada una de ellas se exige; asimismo, podrán ser computados a efectos de la cuantía de la pensión de jubilación y a efectos de determinación de la edad ordinaria de jubilación. En cuanto a las prestaciones concretas, por un lado, la de nacimiento y cuidado de menor (que sustituye hoy a las mencionadas de maternidad y paternidad, y protege las situaciones de nacimiento, adopción y guarda con fines de adopción o acogimiento) que tan complicada se vuelve para este colectivo ante la dificultad de cuadrar el hecho causante con los periodos de alta o asimilados, y por otro lado, las pensiones, tanto jubilación, como incapacidad permanente y muerte y supervivencia derivadas de contingencias comunes.

Por tanto, no sirven para considerarse en situación asimilada al alta ni como periodos cotizados a efectos de causar el derecho a otras prestaciones como la incapacidad temporal o la prestación por desempleo. Una fórmula similar de protección es la diseñada para los trabajadores por cuenta ajena del sistema especial agrario en el art. 256.3 LGSS durante sus periodos de inactividad, apartado idéntico al del primer párrafo del art. 249 ter, apd. 6, y la interpretación que más dudas ha provocado en el citado sistema especial ha sido la relacionada con la ausencia de protección en caso de incapacidad temporal, pues durante sus periodos de no actividad ni pueden considerarse en situación asimilada al alta para el acceso a esta prestación ni pueden computarse estos periodos como cotizados para alcanzar los 180 días de cotización necesarios (art. 172.a) LGSS), ya que la finalidad de la IT es sustituir las rentas de activo por lo que el requisito de prestación de servicios en la fecha de actualización de la contingencia ha de referirse a una situación de actividad o trabajo retribuido, argumentación acogida por los distintos tribunales y jurisprudencia del

Tribunal Supremos, entre otras argumentaciones dirigidas directamente a la peculiaridad del tiempo de prestación de servicios en el sistema especial agrario (entre otras, SSTS del16 de julio de 2013, rec.2522/2012, de 13 de abril de 2009, rec.84/2008, y de 6 de junio de 2007, rec.568/2006.

Por lo que respecta a la protección por desempleo, la exigencia de que los períodos computables sean de "ocupación cotizada" (art. 269.1 LGSS) impide computar aquellos que no lo sean efectivamente, salvo disposición expresa en contrario. Y en este sentido, algunas, muy pocas, excepciones se contemplan, siendo precisamente una de ellas el caso de los días asimilados como días cotizados de los artistas, pero nada se ha establecido en este sentido respecto de los períodos cotizados como períodos de inactividad. Solución adecuada y coherente con la regulación general y común de la protección por desempleo, en la que muy excepcionalmente periodos asimilados a cotizados son válidos; así, si observamos aquellos períodos no cotizados que cuentan como si lo fueran a efectos de prestaciones, normalmente se trata de computar para pensiones y para las prestaciones por nacimiento y cuidado de menor (art. 235 y siguientes LGSS), solo el caso de la suspensión de contrato de trabajo por violencia de género (45.1.n) ET), situación en la que la empresa queda exonerada de cotizar, computa como período cotizado también para desempleo (art. 165.5 LGSS).

La mejora de la protección por desempleo que se ha reivindicado desde el sector ha tenido otra respuesta al configurarse una prestación especial de desempleo para el colectivo, que se analiza más adelante.

En definitiva, durante los periodos de inactividad: se está en situación asimilada al alta a efectos de acceder a las prestaciones por nacimiento y cuidado de menor, así como a las pensiones; además, computan como periodos cotizados a efectos de generar el derecho a estas mismas prestaciones y no a otras.

Las dificultades de acceso a la prestación por nacimiento y cuidado de menor que se ponen de manifiesto en el

Informe de la subcomisión parlamentaria han encontrado esta solución, y en la medida en que el nacimiento y/o adopción de un hijo no es un acontecimiento necesariamente aleatorio e incierto, como pueda ser contraer una enfermedad o sufrir un accidente, y que los períodos de inactividad, como pudo comprobarse, también son muy programables por los propios sujetos, podemos considerar que el vacío de protección a la maternidad y a la paternidad que afecta tradicionalmente a este colectivo ha quedado resuelto, si bien, a costa de nuevas cotizaciones y desde el bolsillo de las personas trabajadoras. En definitiva, se podrá acceder a esta prestación desde cualquiera de las situaciones en que se encuentre el sujeto en la fecha del parto o adopción, ya sea de alta y prestando servicios, en alguna de las situaciones asimiladas al alta (como percibiendo prestación por desempleo), en una fecha cubierta como día asimilado a día cotizado tras la oportuna regularización, y ahora también, estando de alta y cotizando como período de inactividad conforme al art. 249 ter LGSS.

En cuanto al régimen jurídico concreto de la prestación por nacimiento y cuidado de menor que se inicie en una u otra situación es exactamente el mismo. Los requisitos de cotización necesarios contemplados en el art. 178 LGSS pueden alcanzarse computando aislada o acumulativamente cualquiera de estos tipos de períodos cotizados o asimilados a cotizados. Para el cálculo de la prestación, como ya se adelantó, la base reguladora se constituye con el promedio de las bases de cotización de los últimos doce meses (RD 295/2009) y la cuantía consiste en el 100 por cien. En cuanto a la duración esta protección contempla para ambos progenitores, siempre que ambos cumplan los requisitos, un período de permiso o descanso por nacimiento y cuidado de menor obligatorio y un período no obligatorio (art. 48 ET); asimismo, durante esta situación se mantiene la obligación de cotizar (144.4 LGSS) y es en este punto donde pueden darse las diferencias más trascendentes según cuál haya sido la situación de partida de la persona beneficiaria:

- si comenzó la prestación en un día de alta con prestación efectiva de servicios, es decir, vigente un contrato de trabajo, la obligación de cotizar se mantendrá mientras éste mantenga su vigencia, que será normalmente temporal; una vez extinguido el contrato (o estando en alguna de las situaciones legales de desempleo previstas en el art. 267.1 LGSS) estando percibiendo la prestación se mantendrá percibiéndola hasta su duración máxima sin obligación de cotizar (art. 284.1 LGSS), aunque todo ese tiempo de percepción de la prestación tras la extinción del contrato será considerado como período de cotización efectiva a efectos de las correspondientes prestaciones de jubilación, incapacidad permanente, muerte y supervivencia, nacimiento y cuidado de menor y cuidado de hijos afectados por cáncer u otra enfermedad grave (art. 165.6 LGSS).
- si comenzó la prestación estando en situación asimilada al alta común, como por ejemplo, percibiendo prestación contributiva por desempleo, se suspenden prestación por desempleo y cotización, para pasar a percibir la prestación por nacimiento y cuidado de menor que, una vez extinguida, permite a la persona beneficiaria recuperar la prestación por desempleo en el punto en que se interrumpió (art. 284.2 LGSS); la inexistencia de cotizaciones en el período de percepción de esta prestación se compensa con su consideración como periodo de cotización efectiva que prevé el art. 165.6 LGSS citado.
- si comenzó la prestación en un día "asimilado" a día de cotización, en tanto que ya no hay vigente un contrato de trabajo pero estamos ante días asimilados a cotizados, y no hay prestación real de servicios, no hay obligación de cotizar, si bien, una vez se consuman los días asimilados que se solapen con esta prestación, debe considerarse una situación similar a la de la extinción del contrato mientras se percibe la prestación, y aplicarle por analogía lo dispuesto

en el art. 284.1, de manera que seguirá percibiendo la prestación hasta su duración máxima, así como la posibilidad de que el periodo de prestación posterior al agotamiento de los días asimilados sea considerado periodo cotizado por aplicación del beneficio previsto en el art. 165.6 LGSS.

- en el caso en que se acceda a ella desde un período de inactividad cabe plantearse cuál será la solución más satisfactoria. En principio, no habiendo desarrollo reglamentario del art. 249 *ter* LGSS, todo nos lleva a considerar que iniciará la correspondiente prestación, que simultáneamente mantendrá la obligación de cotizar por período de inactividad y que será el propio INSS quien descuente dicha cotización de la cuantía de la prestación como normalmente hace con los perceptores que están en activo. Este régimen implica aplicarles un tratamiento similar al de sujeto en activo y despojarles del beneficio del art. 165.6 LGSS, beneficio que debería trasladarse también mediante desarrollo reglamentario al período de inactividad del art. 249 *ter.* Si nos acercamos a cómo se resuelve esta situación en los periodos de inactividad del sistema especial agrario, el último párrafo del art. 255.4 LGSS establece que respecto a los días en que no está prevista la prestación de servicios, los trabajadores estarán obligados a ingresar la cotización correspondiente a los períodos de inactividad, *excepto en los supuestos de percepción de los subsidios por maternidad y paternidad (nacimiento y cuidado de menor), que tendrán la consideración de períodos de cotización efectiva a efectos de las correspondientes prestaciones por jubilación, incapacidad permanente y muerte y supervivencia.* Por tanto, aunque no se trata de un régimen idéntico al de periodos de inactividad previsto en el art. 249 ter LGSS no deja de ser criticable que no haya sido tenido en cuenta este beneficio de manera expresa, ni se haya producido un deseable desarrollo reglamentario de este precepto, pudiendo desarrollarse este y otros aspectos como ya se señaló.

Por otro lado, el art. 249 ter contempla las consecuencias del impago de cuotas, como vimos, y respecto a su relación con la acción protectora, señala el apartado 3.b) que ante un caso de impago durante dos mensualidades consecutivas la Tesorería cursará de oficio la baja y los efectos de la baja, en este supuesto, tendrán lugar desde el día primero del mes siguiente a la segunda mensualidad no ingresada *salvo que el trabajador se encuentre, en esa fecha, en situación de incapacidad temporal, maternidad, paternidad (nacimiento y cuidado de menor) riesgo durante el embarazo o riesgo durante la lactancia natural, en cuyo caso tales efectos tendrán lugar desde el día primero del mes siguiente a aquel en que finalice la percepción de la correspondiente prestación económica, de no haberse abonado antes las cuotas debidas.* Por un lado, las distintas situaciones que contempla no tienen por qué haberse iniciado durante periodos de inactividad, como sería un caso de incapacidad temporal para cuyo acceso esta situación no se considera asimilada al alta. En otras de las situaciones previstas, sin contrato de trabajo en vigor no podría estar a no ser que se hayan generado durante el periodo de inactividad, como son las de riesgo durante el embarazo y durante la lactancia natural. En el caso de la incapacidad temporal derivaría de un período de alta anterior al inicio del periodo de inactividad, pero si así fuera, una vez resuelto el contrato estando en incapacidad temporal la prestación no se extingue y no es necesario solicitar la inclusión en periodo de inactividad, a no ser que lo que se pretenda es seguir manteniendo las cotizaciones en caso en el que no pueda o no quiera posteriormente acceder a desempleo atendiendo a las consecuencias previstas en el art. 283 LGSS. Y si se tratara de situación de nacimiento y cuidado de menor iniciada durante una situación de alta, al finalizar el contrato la prestación no se extingue y además la persona beneficiaria obtiene el beneficio previsto en el art. 165.6 LGSS, por el que los periodos de nacimiento y cuidado de menor que subsistan a la extinción del contrato serán considerados como de cotización efectiva a efectos de jubilación, incapacidad permanente, muerte y supervivencia, nacimiento y cuidado de menor y cuidado de menores afectados por cáncer u otra enfermedad grave. Todo ello, hace innecesario el recurso al alta y la correspondiente obligación de cotizar por periodos de inactividad en estos supuestos.

Por otro lado, este apartado implica que estando en la situación de impago de cuotas señalada, la consecuencia inmediata no es por tanto la suspensión de la correspondiente prestación, aunque nada parece impedir que se apliquen sobre la correspondiente prestación las facultades de compensación o descuento previstas en el art. 44.1.b) LGSS. Además, como ya se señaló, también cabe que dicha compensación se produzca tras la regularización anual y ante la liquidación definitiva, momento en el que, *si el artista con derecho al reintegro fuera deudor de la Seguridad Social por cuotas u otros recursos del sistema, el crédito por el reintegro será aplicado al pago de las deudas pendientes* (art.249 ter.5 LGSS).

5.2. La protección de la trabajadora embarazada o en periodo de lactancia natural

Una de las peculiaridades más llamativas de este régimen de protección en periodos de inactividad, creado para contrarrestar las dificultades de protección de un colectivo con una actividad profesional que se presenta de forma intermitente por naturaleza, ha consistido en diseñar para éste una prestación económica *ad hoc.* Se trata de una situación similar a la protección que el sistema dispensa en materia de riesgo durante el embarazo y riesgo durante la lactancia natural pero no atribuyendo el régimen jurídico de estas prestaciones sino generando uno nuevo.

Es resultado de una reivindicación específica que pone de manifiesto el apartado 56 del Informe de la subcomisión parlamentaria para la elaboración de un Estatuto del Artista. En él se hace hincapié en la dificultad de que estas mujeres trabajadoras puedan acceder a estas prestaciones por la exigencia de alta real para causar derecho a ellas, ya que, se trata de una contingencia profesional en tanto es el "trabajo o actividad" el que produce el riesgo protegido a la mujer embarazada o en periodo de lactancia; de manera que si no hay tal trabajo o actividad tal riesgo no se produce y tal protección, por tanto, no es necesaria. En la realidad de las artistas la situación de riesgo no llega a producirse en los casos en que no son contratadas mientras están embarazadas o se extinguen sus efímeros contratos en lugar de hacer valer la situación de riesgo. Una de las soluciones propuestas por el citado Informe es la de *permitir que se reconozca la prestación a las trabajadoras en situación de alta asimilada y habilitar la suscripción de un convenio especial con la Seguridad Social cuando de esa regularización no se derive la situación de asimilación al alta, así como facilitar una prestación especial que se haga cargo de la situación.*

La situación protegida va dirigida a la mujer trabajadora embarazada y también la que se encuentre en período de lactancia natural de un menor de nueve meses. La situación protegida es la necesidad que surge cuando *no pueda continuar realizando la actividad laboral que dio lugar a su inclusión en el Régimen General como artista en espectáculos públicos a consecuencia de su estado.* La delimitación de la situación protegida a falta de desarrollo reglamentario plantea algunos interrogantes.

Por un lado, no hay referencia alguna al riesgo que provoca la actividad como ocurre con el régimen común de la prestación en el Régimen General; la situación protegida se delimita por la imposibilidad de seguir trabajando *a consecuencia de su estado*, incluyendo tanto el estado de mujer embarazada como el de mujer en período de lactancia natural de un menor de nueve meses. Es este estado el que genera la imposibilidad de seguir trabajando, y no directamente la concreta actividad, por lo que se aprecia un campo protector objetivo mayor al que se deriva del régimen común pues, a consecuencia del estado de embarazo permite incluir tanto razones de riesgo profesional derivadas de la actividad, piénsese en una trapecista o una contorsionista, como razones derivadas únicamente del estado de embarazo que en el régimen común son protegidas mediante la incapacidad temporal, incluso es posible que con esta amplia formulación de la situación protegida puedan también protegerse otras situaciones como la de artista embarazada que no puede continuar con su papel en una obra teatral cuando la situación del embarazo resulte patente a los ojos del espectador. Por su parte, tratándose del estado de mujer en período de lactancia natural, a consecuencia de la cual se hace imposible continuar su actividad de artista, la protección parece ser más restringida y dirigida a cubrir los casos similares a los de riesgo durante lactancia natural, en los que es la actividad concreta la que lo hace imposible por la presencia del riesgo de salud del lactante, y en este caso, las consecuencias que derivan del inmediato posparto estarían cubiertas mediante la prestación por nacimiento y cuidado de menor.

En cualquier caso, la situación protegida debe acreditarse por los servicios de la inspección médica del Instituto Nacional de la Seguridad Social, y a falta de desarrollo reglamentario se dicta por este Instituto una primera aproximación a través de unas instrucciones en las que se delimita una situación protegida que exige claramente que se deriven riesgos para la salud (Criterio de gestión INSS, 3/2019):

Se considera situación protegida la de la trabajadora embarazada o durante la lactancia natural de un menor de nueve meses, incluida en el Régimen General de la Seguridad Social durante los periodos de inactividad de los artistas en espectáculos públicos cuando los agentes, procedimientos o condiciones de trabajo de la última actividad que dio lugar a su inclusión en el Régimen General como artista en espectáculo público pudieran influir negativamente en su salud, la del feto o la del lactante si dicha trabajadora realizara, en su estado, dicha actividad.

Puede apreciarse que se vincula la situación protegida al estado de salud y a la relación estrecha con la actividad como causante del riesgo, llevándolo al mismo terreno protector que delimita la protección por riesgo durante el embarazo o durante la lactancia natural común, como se deriva del mínimo procedimiento que en esta Circular se establece para calificar esta situación de riesgo en el que a la inspección médica del INSS corresponde la *valoración de las características de la actividad acreditada por la trabajadora, evaluando la posible existencia de riesgos físicos (radiaciones ionizantes, radiaciones no ionizantes, vibraciones, temperaturas extremas, ruido), riesgos ergonómicos (manipulación manual de cargas, flexión de tronco, trepar escalas y escaleras manuales, bipedestación, sedestación, actividad deportiva), químicos (recogidos en el Real Decreto 39/1997, por el que se aprueba el Reglamento de los Servicios de Prevención, en sus anexos VII y VIII), biológicos o psicosociales. Como referente para dicha valoración, los inspectores médicos del INSS utilizarán la segunda edición de la "Guía de ayuda para la valoración del riesgo laboral durante el embarazo" principalmente en lo referente a los diversos riesgos en ella recogidos* (instrucción cuarta).

Por otro lado, la referencia a la última actividad realizada como artista en espectáculo público exige atender exclusivamente a ésta para considerar que, si la realizara en ese estado de embarazo o en período de lactancia, pudiera influir negativamente en su salud o en su caso, la del feto o lactante. *Pudieran influir, si...realizara*, un modo verbal que exige tener presente la situación de protección, pero vinculada a una hipotética situación de actividad laboral. Dentro de estas connotaciones se trata pues, como se deduce del texto legal, de proteger a la mujer trabajadora que no puede continuar debido a su estado.

La acción protectora está referida a su disfrute *durante* el periodo de inactividad, si hubiera querido vincularse a la situación de activo no habría sido necesario crear una prestación *ad hoc*, y la finalidad de su existencia es precisamente la dificultad que encuentra este colectivo para acceder a la protección por riesgo durante el embarazo y durante la lactancia natural en momentos en que, debido a esa situación, abandonan o ven extinguidos sus contratos de trabajo pero también en momentos de no trabajo propios de su labor intermitente, puesto que su estado va a impedir también el ejercicio de su actividad renunciando a futuros contratos.

La vinculación con el riesgo a la salud, ya sea de la mujer, del feto o del menor de nueve meses, lleva a que las citadas instrucciones del INSS se compliquen para situar el nacimiento de los efectos económicos en el momento en que efectivamente surgiría el riesgo para la salud, por ejemplo, en qué semana de embarazo, si realizara su actividad de artista, en lugar de facilitar el acceso desde la solicitud de alta en periodo de inactividad pues ya partimos de que se da la situación protegida respecto de la última actividad. Así, señala la instrucción séptima *Los efectos económicos del subsidio se producirán, en cualquier caso, desde la fecha que determine el informe de la inspección médica del Instituto Nacional de la Seguridad Social a partir de la cual los agentes, procedimientos o condiciones de trabajo de la actividad pudieran influir negativamente en la salud de la trabajadora, la del feto o la del lactante, en el supuesto de que dicha trabajadora fuera contratada para realizar la mencionada actividad, con una retroactividad máxima hasta la fecha de la solicitud.*

En cuanto a las competencias del INSS respecto a este subsidio especial para artistas embarazadas o en periodo de lactancia natural de un menor de nueve meses, deberían regularse medidas para que el coste o parte de él recaiga también sobre las Mutuas pues llama la atención que éstas no intervengan en la financiación de una prestación por la que estas trabajadoras cotizan como riesgo profesional durante sus periodos de actividad, en aquellos casos en que tales cotizaciones se hayan realizado en favor de estas entidades colaboradoras de las que finalmente no obtienen la cobertura. De la misma manera que se recurre a la última actividad realizada para dar cuerpo a la situación protegida, podría quedar referida la responsabilidad sobre la última Mutua presente en dicha actividad, aunque quizá sería solución más justa, teniendo en cuenta que la variedad de empleadores puede implicar también una variedad de Mutuas, hacer recaer la responsabilidad sobre la Mutua concreta sobre la que más volumen de cuotas haya recaudado en relación a la trabajadora en un periodo de tiempo, que podrían ser los últimos doces meses, como una especie de responsabilidad derivada.

Por lo que respecta a duración y cuantía de este subsidio, a falta de previsión legal la duración será hasta la fecha del parto, y la cuantía se fija en el cien por cien de la base de cotización por la que, simultáneamente, se está cotizando, que es la base mínima correspondiente al grupo 7 de cotización del Régimen General, y el pago lo realiza directamente el INSS.

Como conclusión sobre la naturaleza de este subsidio especial, no cabe negar que efectivamente se trata de una prestación que otorga el sistema de la Seguridad Social vinculada a un concreto colectivo y a una concreta contingencia, que vinculada al mismo riesgo profesional presente en las de riesgo durante el embarazo y durante la lactancia natural del régimen común, tiene perfecta cabida en el art.42 LGSS. Será necesario el correspondiente desarrollo reglamentario que fije los límites y contornos de esta protección cuya redacción legal se muestra efectivamente más amplia en la delimitación de la situación protegida que la que pueda derivarse del riesgo profesional para la salud exclusivamente. Si bien, ha quedado patente ya a estas alturas, que se ha renunciado a dicho desarrollo reglamentario, y que esto es lo que viene siendo lo habitual, podemos decir que es una tendencia y una de las características de la normativa de Seguridad Social de este siglo, en el que incluso las grandes reformas adolecen de desarrollo reglamentario específico, siendo las Circulares, Instrucciones o Criterios de Gestión de órganos gestores de la Seguridad Social los que realizan esta función.

Y como última reflexión sobre el mecanismo de protección a las mujeres artistas frente a sus situaciones de embarazo, cuando éste ya se ha producido estando viva la relación laboral, podría haber consistido en señalar que para ellas la prestación por riesgo no quedará extinguida con la extinción del contrato, asumiéndola, en su caso, la Mutua correspondiente hasta la fecha del parto, momento para el cual ya procedería el alta y cotización por periodos de inactividad, pues no deja de ser paradójico que para recibir una protección completa derivada de una contingencia profesional la trabajadora tenga que verse en la situación de cotizar a su propio cargo. En sede judicial se ha planteado la cuestión sobre la responsabilidad de esta prestación analizando a quien corresponde, si al INSS o a la Mutua colaboradora, en un caso en que habiéndose constatado por la propia empresa la situación de riesgo de una bailarina embarazada, seguido de la extinción del contrato y de su solicitud de alta en periodo de inactividad, además de la correspondiente solicitud de la prestación, se resuelve, como no puede ser de otra manera con esta regulación, que la entidad responsable es el INSS (STSJ de CV de 24 de octubre de 2023, rec.3662/2022).

6. LA DÉBIL PROTECCIÓN POR CONTINGENCIAS PROFESIONALES

Las personas trabajadoras del sector artístico se benefician, como el resto de las incluidas en el Régimen General, del plus de protección que supone la protección por contingencias profesionales en nuestro sistema de Seguridad Social. Como es sabido, cuando las prestaciones se generan motivadas por una contingencia profesional el sujeto goza de una "sobreprotección" que no se da cuando la misma prestación se genera por una contingencia común.

A modo de recordatorio, las diferencias de protección más importantes pueden resumirse en las siguientes:

- en cuanto a los requisitos de acceso a las prestaciones, no se requiere que la persona beneficiaria reúna un período previo de cotización a la Seguridad Social cuando el origen de la prestación deriva de una enfermedad profesional o de un accidente laboral. No obstante, también gozan de este privilegio las prestaciones derivadas de accidente no laboral estando en alta o en situación asimilada (art. 165.4 LGSS),

- en segundo lugar, también en el cálculo de la cuantía de las prestaciones se observan diferencias importantes en función de la contingencia. Así, en el cálculo de las pensiones derivadas de contingencias profesionales (incapacidad permanente, pensión de viudedad) la base reguladora se determina en función del salario real. Por otro lado, el porcentaje aplicable a la base reguladora, así como la determinación del nacimiento de la prestación, gozan en prestaciones como la incapacidad temporal de peor tratamiento cuando derivan de contingencia común: la IT derivada de contingencia común nace el cuarto día de la baja y se calcula aplicando el 60 por cien a su base reguladora, durante los días 4° al 20°, y el 75 % en adelante; mientras que la IT derivada de contingencia profesional, nace al día siguiente al accidente o baja médica, siendo a cargo de la empresa el salario del día del accidente o baja, y consiste en el 75 % de la base reguladora. Incluso la existencia misma del recargo de prestaciones que puede recaer sobre la empresa incumplidora en materia de prevención de riesgos, implica una mayor cuantía aplicable solo a las prestaciones derivadas de contingencias profesionales (art. 164 LGSS).

- en tercer lugar, destaca también la existencia de prestaciones exclusivamente para aquellos casos en que éstas deriven de una contingencia profesional, no existiendo estas mismas prestaciones si la causa es común. Es el caso de las lesiones permanentes no invalidantes o de las indemnizaciones a tanto alzado en favor de los familiares supervivientes del causante, cuando fallece como consecuencia de una contingencia profesional.

- por último, cabe destacar la figura del alta de pleno derecho, que significa que a efectos de las prestaciones derivadas de contingencias profesionales los sujetos serán protegidos por el sistema y podrán acceder a las correspondientes prestaciones, aunque la empresa hubiera incumplido con su obligación de darles de alta, pues a tales efectos serán considerados en alta de pleno derecho (art. 166.4 LGSS), beneficio que también se prevé a efectos del acceso a la prestación por desempleo y respecto de la asistencia sanitaria. En estos casos de incumplimiento empresarial de las obligaciones de afiliación y alta de sus trabajadores en la Seguridad Social, a las prestaciones derivadas de accidente de trabajo o enfermedad profesional se les aplica el denominado principio de automaticidad, en virtud del cual, la Entidad Gestora o, en su caso, la Mutua Colaboradora anticipa el pago de la prestación al trabajador hasta un límite cuantitativo determinado y, posteriormente, reclama contra la empresa responsable.

La cotización por contingencias profesionales, primas destinadas a financiar este coste, son exclusivamente a cargo de las empresas, cuya cuota por contingencias profesionales se obtiene mediante la aplicación del porcentaje que corresponda de la tarifa de primas a la base de cotización por contingencias profesionales, siendo mayor cuanto mayor sea también el riesgo. Y en este sentido no hay diferencia que marque especialidad alguna en favor de este colectivo, más allá del porcentaje aplicable que, como corresponde, se vincula a la concreta actividad y al riesgo que tiene quien la desempeña de sufrir un accidente de trabajo o contraer una enfermedad profesional. Se recogen en diferentes epígrafes aunque a todos ellos se les vincula el mismo porcentaje (1,50%): actividades cinematográficas, de vídeo y de programas de televisión, grabación de sonido y edición musical (CNAE 59), actividades de programación y emisión de radio y televisión (CNAE 60) y actividades de creación, artísticas y espectáculos (CNAE 90). Este último aglutinaría a todo tipo de empresas para las que presten servicios quienes en general se dedican a la creación artística y al espectáculo sin entrar a diferenciar de qué tipo de actividad se trata (interpretación teatral, profesionales de la música, de la danza, trapecistas...) y seguramente el riesgo de sufrir un accidente de trabajo pueda llegar a ser muy distinto de unas actividades artísticas a otras, si bien, cabe reconocer que el resultado final resulta equilibrado por propia compensación y que seguramente introducir diferencias que repercutan en el coste que supone a la empresa contratar uno u otro espectáculo podría afectar negativamente a los de coste más elevado.

El mayor problema que se ha planteado respecto al accidente de trabajo y su correlativa protección, ha tenido como protagonistas a quienes desarrollan su actividad normalmente a través de contratos de muy corta duración, conocidos como "bolos", en tanto que el contrato suele abarcar el día o días de prestación de servicios efectiva sin incluir el día inicial y final de desplazamientos.

La definición de accidente de trabajo en el Régimen General viene recogida en el extenso artículo 156 de la LGSS. Se entiende por accidente de trabajo *toda lesión corporal que el trabajador sufra con ocasión o por consecuencia del trabajo que ejecute por cuenta ajena.* Puede observarse que, siendo el trabajo el causante de la lesión, esta relación de causalidad que es presupuesto necesario para la calificación del accidente laboral, puede ser una relación de causalidad inmediata, por consecuencia del trabajo, pero también mediata, con ocasión del trabajo es necesario efectuar el desplazamiento. Es decir, el concepto es flexible y admite como accidentes de trabajo algunos supuestos que no provoca directamente el trabajo pero que, si no hubiera habido prestación laboral, no hubieran ocurrido, por ejemplo, el llamado *accidente in itinere*, que es aquel que se produce al ir o al volver del lugar de trabajo al domicilio habitual del trabajador, de creación jurisprudencial e incluido expresamente en el apartado segundo del art. 156 citado.

Los desplazamientos, incluso largos desplazamientos, son habituales en artistas que se contratan para eventos o actuaciones concretas, y además en ocasiones el punto de salida o la vuelta no se produce al domicilio habitual sino a otra localidad para la realización de otra actuación; en general se viene reconociendo la posibilidad de considerar estos accidentes de trayecto como accidentes *in itinere* aunque no exenta de polémica, pues surgen cuestiones derivadas, como el hecho de que el alta se realiza por un solo día sin incluir los días anteriores y posteriores, razón por la cual la polémica sobre la entidad que asumiría la cobertura está servida, pues tanto se niegan a ello las entidades aseguradoras que solo deben asumir el riesgo el día de la actuación, como la propia empresa organizadora que solo está obligada a cotizar por la jornada contratada.

En Sentencia de TSJ de Galicia, de 23 de septiembre de 2003 (rec.484/2001) se ha señalado que el trabajo del artista comprende la tarea artística propiamente dicha y también sus funciones inherentes o complementarias, entre las que figura el regreso de los artistas a su domicilio tras finalizar aquélla y aunque acontezca en la jornada siguiente. Otra cuestión es que la empresa organizadora haya incumplido con su obligación de dar el alta y cotizar por la jornada contratada, en cuyo caso, por aplicación de las normas de protección generales, alta de pleno derecho y automaticidad, la responsabilidad última recae sobre la empresa infractora. Otros pronunciamientos judiciales siguen esta misma línea y también declaran la condición de accidente de trabajo *in itinere* el desplazamiento de los artistas (STSJ de Aragón, de 21 de julio de 1992 y Sentencia del Juzgado de lo Social de Zaragoza, de 23 de mayo de 2003, proc. núm. 1446/2002, STSJ de Andalucía/Sevilla de 23 de mayo de 2003, rec. núm. 1178/2003) y se ha achacado en general a estas resoluciones judiciales que poco indagaron en la cuestión más importante, si había o no relación laboral con la concreta empresa a la, en cada caso, se declara responsable, pues a este terreno se traslada toda la complejidad que como se comentó deriva de la incertidumbre sobre a quién considerar empresa en aquellos casos en que aparecen otras junto a la que organiza el espectáculo (DESDENTADO DAROCA, 2013, p. 58).

En el Informe parlamentario se recoge esta situación de desprotección durante los desplazamientos achacándolo al RD 1435/1985 que efectivamente contempla como regla general, que los contratos de los artistas sean temporales, incluso de muy corta duración, sin regular la necesidad de que el contrato de bolo, por un solo día, tenga que durar uno o dos días más, para incluir los necesarios desplazamientos en los casos en que la persona o personas contratadas sean de distinta localidad así como cuando el horario en que efectivamente haya de prestar sus servicios haga entender que el desplazamiento se producirá, sin lugar a dudas, durante la jornada siguiente a la del espectáculo.

La norma laboral no atiende a esta circunstancia en este tipo de contratos, pero tampoco lo hace respecto a la relación laboral común, ya que es una cuestión propia de cobertura en materia de Seguridad Social, por lo que deben ser las normas de Seguridad Social las que debieran señalar especialidades en materia de altas y bajas respecto al colectivo, si fuera necesario, y parece que en este caso no lo es. Cabe recordar que, conforme al RD 84/1996, el alta debe de producirse con carácter general antes del inicio de la actividad, produciendo efectos el día que empieza la prestación de servicios, día en que la persona trabajadora ya se encuentra dada de alta y además, protegida por el art. 156 LGSS desde el momento en que la persona sale de su domicilio habitual con destino a su centro de trabajo. Por otro lado, un bolo no siempre será identificable con un único día, pues para asegurar la protección que el sistema de Seguridad Social dispensa será necesario en ocasiones añadir la jornada o jornadas necesarias de vinculación laboral con las empresas y a su vez, de vinculación de cobertura con las Mutuas correspondientes, pues son ellas las que, en la generalidad de los casos, aseguran las contingencias profesionales de la gran mayoría de las personas trabajadoras en este país. En conclusión, la normativa común no requiere de matizaciones ni adaptaciones respecto de este colectivo, por lo que lo necesario es educar y formar a las empresas del sector, para lo cual, además del uso de campañas públicas de información por la administración de la Seguridad Social, los convenios colectivos pueden jugar un papel importante, especialmente convenios sectoriales que aborden la estructura de la negociación colectiva conforme al art. 83.2 ET y se reserven la materia de contratación para irradiar al resto de ámbitos inferiores lo que serían las buenas prácticas en materia de contratación de artistas y personal técnico, cuando de bolos se trate.

Al respecto se encuentran algunas previsiones interesantes en el convenio colectivo estatal del personal de salas de fiesta, baile, discotecas, locales de ocio y espectáculos de España (BOE 5 de abril de 2023) modificado con posterioridad (BOE 22 de agosto de 2024); el citado convenio, que muestra ya un campo de aplicación funcional amplio en el que la referencia a espectáculos permite incluir también las contrataciones que se realicen ante el público sean al aire libre o en espacios cubiertos, es negociado al amparo de lo dispuesto en el art. 83.2 ET, con el alcance general establecido en su art. 2, de cuyo contenido cabe destacar lo siguiente: señala respecto al "bolo" que su duración será igual o menor a 3 días consecutivos (a partir de cuatro ya se les adjudica el salario semanal); al bolo le adjudica una retribución específica por jornada de trabajo, que incluye todos los conceptos; y añade que la cotización en la Seguridad Social se realizará desde el inicio al final del «bolo», y cuando se inicie en un día y finalice en el siguiente, se cotizará por los dos días, (art.7.7); en relación a la realización de ensayos necesarios a petición de la empresa, además de fijar cómo serán retribuidos el convenio contempla que se dará de alta a los artistas en la Seguridad Social todos los días de ensayo (art.10.g); además, regula también el régimen de desplazamientos y gastos de transporte, dietas y alojamiento en el art. 17, señalando expresamente que en *caso de que la actuación se realice fuera de la población de residencia del o la artista, la empresa se hará cargo de los desplazamientos. La empresa realizará las gestiones pertinentes para contratar los medios de transporte necesarios para el desplazamiento del o la artista desde la población de residencia, o la plaza de la última actuación en caso de gira, hasta la plaza de actuación contratada, así como para la vuelta a la población de residencia.* Se atiende también a las situaciones en que la persona artista se encuentre de gira, en tal caso *ésta notificará a la empresa el cambio de punto de partida y de destino del desplazamiento.* Los desplazamientos se incorporan a la jornada, régimen aplicable en cualquier clase de contratación, incluida la de corta duración. La versión anterior de este convenio colectivo añadía una letra g) al art. 17, señalando que cuando *sea necesario que el o la artista se desplace con anterioridad a la fecha de actuación en uno o más días, será necesario que se tramite el alta correspondiente en el Régimen General de la Seguridad Social, Especialidad Artistas, para esos días.* Esta referencia ha desaparecido del art. 17, tras la modificación que se produce en agosto de 2024, pero es obvio que era meramente declarativa, las obligaciones de Seguridad Social surgen desde el mismo momento en que se inicia la actividad para la que fue contratada la persona, y si en este tipo de actividad ésta se pone a disposición de la empresa, la cual asume sus obligaciones en relación, en su caso, al desplazamiento que deba producirse conforme señala el convenio colectivo, en ese momento ya la persona se ha de encontrar dada de alta y cubierta en relación a esos desplazamientos. Se trata por tanto de un convenio en el que las partes negociadoras recogen expresamente llamadas de atención sobre la necesidad de efectuar y mantener el alta tanto en relación a las posibles jornadas de ensayo, como respecto a las de desplazamientos.

Además de la negociación colectiva, también es importante respecto de las actuaciones cortas, la regulación que se introduce en la DA 38ª de la LGSS por la Ley 14/2021, modificada posteriormente por Ley 24/2022. La citada DA 38ª señala que respecto de los músicos sujetos a la relación laboral especial de artistas regulada en el RD 1435/1985, en su base de cotización al Régimen General de la Seguridad Social, *cuando se desplacen a realizar actuaciones mediante contratos de menos de cinco días, se computarán los gastos de manutención y los gastos y pluses de distancia por el desplazamiento de aquellos desde su domicilio a la localidad donde se celebre el espectáculo, en los mismos términos y condiciones establecidas para los conceptos regulados en los párrafos a) y b) del artículo 147.2 de esta ley.* Esta norma no hace sino evitar que también estos conceptos sean incluidos como conceptos salariales en las cantidades negociadas por actuación y para que sobre ellos pueda aplicarse los términos previstos en la norma sobre composición de las bases de cotización o art. 147 LGSS, norma que, por otro lado, debe considerarse aplicable ya que no hay especialidad alguna al respecto que para este colectivo señale lo contrario en el art. 32 RD 2064/1995. Que la referencia se haya hecho únicamente para músicos no debe impedir que sea aplicable también a otro tipo de artistas de corta contratación, como pueden ser los y las bailarinas que acompañan a los músicos, así como el personal técnico y auxiliar necesario.

Volviendo a la calificación del accidente de trabajo, además del interés que pueda tener la persona trabajadora en que se califique el accidente como laboral, por la sobreprotección que implica, se encuentran generalmente en intereses contrapuestos, los de la Entidad Gestora (INSS) y los de las Mutuas Colaboradoras, ya que la calificación del accidente como accidente laboral conlleva, en la mayoría de las ocasiones, que sea la Mutua la responsable de las prestaciones, incluso pensiones, derivadas del mismo. Todo ello, unido a la flexibilidad con que la ley construye el concepto de accidente de trabajo, implica que la calificación del mismo llegue con asiduidad a los Tribunales, al menos siempre que la falta de concreción legal genere dudas interpretativas o lagunas, existiendo por ello una numerosa y casuística doctrina judicial y jurisprudencial al respecto del concepto de accidente de trabajo, aplicable por supuesto a este sector.

Por lo que respecta al concepto de enfermedad profesional, se entenderá como tal la contraída a consecuencia del trabajo ejecutado por cuenta ajena en las actividades que se especifiquen en el cuadro que se apruebe...y que esté provocada por la acción de los elementos y sustancias que en dicho cuadro se indiquen para cada enfermedad profesional (art. 157 LGSS).

El cuadro o lista de enfermedades profesionales se encuentra recogido en el RD 1299/2006, de 10 de noviembre. Puede apreciarse que, a diferencia del flexible concepto del accidente de trabajo, la enfermedad profesional será aquella que se encuentre en la lista de enfermedades profesionales, por tanto, si se contrae una enfermedad a consecuencia del trabajo que ejecuta y dicha enfermedad se encuentra recogida para esa actividad en la lista de enfermedades profesionales, significará que las personas trabajadoras que las padezcan no tendrán que demostrar que el trabajo ha provocado dicha enfermedad; el hecho de que los elementos a que hace referencia el art. 157 aparezcan en la lista demuestra ya la conexión de la enfermedad con el trabajo y además favorece la adopción de medidas de prevención.

Ahora bien, cuando no se encuentra en la lista de enfermedades profesionales no podrá ser calificada como tal, ni tampoco obtener dicha calificación de los Tribunales que no pueden ampliar dicha lista, aunque sí la hayan interpretado en algún caso con efecto extensible cuando la lista utiliza términos abiertos (STS 20 de septiembre de 2022, rec.3353/2019). Para que, no encontrándose en la lista, la persona trabajadora que la padece pueda obtener la sobreprotección propia de las contingencias profesionales, la opción es, tras demostrar el nexo causal de su enfermedad con el trabajo, que sea calificada como accidente de trabajo por la vía del apartado e) del art. 156.2, que configura como accidente de trabajo las llamadas enfermedades del trabajo, cuya reiteración entre personas trabajadoras que realizan similar actividad, no es sino paso previo necesario para iniciar el procedimiento para ser incluidas en la lista de enfermedades profesionales.

El defecto que puede atribuirse a un sistema de lista como el nuestro, es el riesgo de quedar obsoleta y de que nuevas enfermedades profesionales que surjan no puedan ser calificadas como tales hasta que no sean incorporadas a la lista; el RD 1299/2006, establece algunas medidas que llevan a pensar que la lista irá renovándose con la frecuencia deseada, además dedica un apartado a las llamadas enfermedades "sospechosas" de ser calificadas como enfermedades profesionales, que obliga a profesionales sanitarios a comunicarlas a las autoridades para su estudio con vistas a incorporarlas finalmente en el listado. Además, la Recomendación (UE) 2022/2337 de la Comisión de 28 de noviembre de 2022, contiene lista europea de enfermedades profesionales, y también prevé en su anexo II las enfermedades que se sospecha que tienen un origen profesional y que en el futuro es posible que se incorporen a la lista del anexo I, pero que mientras tanto el Estado tome medidas para considerarlas como enfermedades profesionales.

En el caso de la actividad artística, en la citada lista se obtienen resultados para la actividad de cantantes, actores, locutores y otros, al contemplarse como enfermedad profesional los nódulos de las cuerdas vocales a causa de los esfuerzos sostenidos de la voz por motivos profesionales. Las dificultades para obtener la calificación de enfermedad profesional, incluso de enfermedades del trabajo, cuando se trata de otras actividades artísticas ha sido puesta de manifiesto en el Informe de la subcomisión parlamentaria en el que se reconoce que *la mayor parte de estas enfermedades, particularmente en el ámbito de las artes escénicas, se tratan como comunes y desvinculadas de la práctica profesional, con todo lo que supone a efectos de cobertura.* Se recoge también una llamada al Gobierno, para que, a propuesta de los Ministerios competentes, se aprueben las disposiciones reglamentarias necesarias para la *creación de un órgano colegiado de profesionales de la salud y organizaciones representativas de artistas e intérpretes, que permita avanzar en la evaluación y reconocimiento de las mismas, para su ubicación en el listado de enfermedades profesionales tal y como establece la normativa europea y estatal al respecto* (apdo. 59). De momento, la reforma del RD 1299/2006 sigue estando pendiente, aunque ya se han señalado comisiones de estudio específicas para llevar a cabo su actualización, una para la integración de la perspectiva de género en el listado de enfermedades profesionales (DA 4ª RD-Ley 16/2022) y otra para impulsar la evaluación y el reconocimiento como enfermedades profesionales de aquellas contraídas a consecuencia de las especificidades del trabajo por cuenta ajena o propia del sector cultural; comisión que estará formada por los departamentos ministeriales competentes, organizaciones sindicales y empresariales y otras organizaciones representativas del sector cultural, así como otros órganos colegiados de profesionales de la salud con competencias en la materia (DA 14ª RD-Ley 1/2023).

7. CARENCIA DE ESPECIALIDADES EN RELACIÓN AL ACCESO A LAS PENSIONES

Dentro del Régimen General, concretamente en el régimen jurídico de las pensiones, solo la pensión de jubilación presenta una regulación con especialidades en el régimen de artistas. Ni las pensiones derivadas de muerte y supervivencia, como son la pensión de viudedad, la pensión de orfandad y las prestaciones en favor de familiares, ni las pensiones de incapacidad permanente presentan peculiaridad alguna en relación a este colectivo más allá que la que supone la presencia de los días asimilados a días cotizados y la validez de los periodos de inactividad a que se hizo referencia. Ello lleva a concluir que les son aplicables sin más especialidad, el régimen jurídico de las pensiones previsto en el Régimen general, con las salvedades a que se hará referencia en materia de jubilación.

En relación al requisito de estar de alta o en situación asimilada al alta, exigencia como vimos generalizable para el acceso a la acción protectora del sistema de Seguridad Social, en el caso de las pensiones, adquiere relativa importancia en tanto que permite obviarse, pero sigue siendo trascendental su cumplimiento en orden a las consecuencias, como veremos. A diferencia de lo que ocurre con el resto de las prestaciones del sistema de Seguridad Social, a las pensiones se puede acceder, aunque los sujetos no se encuentren de alta o en situación asimilada en la fecha del hecho causante, si bien, es cierto que los requisitos de acceso en esta situación se endurecen y ello dificulta el verdadero acceso a las mismas.

Cabe recordar que los *días asimilados a días cotizados* que se obtienen tras la oportuna regularización de las cotizaciones pueden aplicarse para computar los periodos de cotización necesarios para acceder a cualquier prestación y a cualquier pensión de la Seguridad Social que lo exija, incluso para el acceso y determinación de la duración de la prestación por desempleo, como ya vimos; y en el caso de la pensión de jubilación, podrán aplicarse tanto para el acceso al derecho como para determinar la cuantía de la pensión así como para el cálculo de bases reguladoras (art. 3 Orden de 30 noviembre 1987).

Esto significa que tendrán la condición de asimilados al alta cuando el hecho causante de las pensiones se produzca o coincida con uno de estos días asimilados, y también, hemos de añadir, cuando se produzca durante una situación de alta en período de inactividad, en el que, como ya vimos, la acción protectora comprende, entre otras, las prestaciones económicas por incapacidad permanente y muerte y supervivencia derivada de contingencias comunes, así como jubilación (apdo. 6, art. 249 *ter*).

Para el reconocimiento del derecho la fecha del hecho causante determina el momento en que los sujetos deben reunir los requisitos para el acceso a la correspondiente pensión y no encontrarse de alta o al menos en situación asimilada al alta puede suponer, en la práctica, una gran dificultad para acceder a las misma. Se aprecia especialmente en el acceso a las pensiones de viudedad y orfandad, en las que, el fallecimiento por enfermedad común o accidente no laboral del causante en situación de no alta ni asimilada, requiere que éste reúna un período de cotización de quince años, mientras que si esta desafortunada situación se produce estando de alta o en situación asimilada bastaría con acreditar quinientos días cotizados en los últimos cinco años anteriores al fallecimiento en caso de pensión de viudedad derivada de enfermedad común, no siendo necesario acreditar período alguno si la causa fuese un accidente no laboral, ni tampoco para generar pensiones de orfandad (art. 219.1 y 224 LGSS).

En el caso de la incapacidad permanente se produce un fenómeno similar (art. 195 LGSS). Se dan diferencias en el acceso a la incapacidad permanente por enfermedad común, en la que de estar de alta o asimilada, la cotización exigida dependerá de la edad del sujeto, ajustándose en cierto modo a las posibilidades de carreras de seguro en atención a su edad y resultando, en el peor de los casos, es decir, en edades cercanas a la jubilación unas exigencias inferiores a las de la pensión de jubilación; mientras que, si sucede el hecho causante no estando ni en alta ni en situación asimilada al alta siempre deben acreditarse quince años en toda su vida laboral de los que al menos tres deben haberse cotizado en los últimos diez anteriores al hecho causante. Más llamativa es la diferencia cuando la causa de la incapacidad permanente sea un accidente no laboral, pues si éste se produce estando el sujeto de alta o en situación asimilada al alta no requiere de período de cotización alguno y permite acceder a todos sus grados, pero, si el hecho causante se produce en un momento de no alta ni asimilada, se exigirán nuevamente quince años de cotización, de los que al menos tres deben estar comprendidos en los últimos diez años, para acceder a la correspondiente pensión de incapacidad permanente únicamente en los grados de absoluta o gran invalidez. Si añadimos, como señala el Informe de la subcomisión parlamentaria que en la realidad muchos casos de lesiones acaban calificados como accidentes no laborales por la dificultad real de calificarlos de accidente de trabajo cuando los períodos de alta son significativamente cortos, ni de enfermedades profesionales a pesar de constituir lesiones propias de determinadas actividades, nos brinda un colectivo que se ve obligado a abandonar su profesión por esta causa y difícilmente puede acceder a la pensión de incapacidad permanente, además que, para el acceso al grado de total para la profesión habitual se requiere necesariamente que el hecho causante se produzca en situación de alta o asimilada.

Es obvio que nuevamente la aleatoriedad con la que se reparten los días asimilados en el calendario de las personas artistas en el momento de la regularización de las cotizaciones pasa a ser condicionante del efectivo acceso al derecho a las pensiones derivadas de muerte y supervivencia, así como a las pensiones de incapacidad permanente.

En el régimen común se trata de una desventaja que se compensa en cierto modo con técnicas que flexibilizan el requisito del alta concretamente con la que reconoce como situación asimiladas al alta, la del paro involuntario que subsiste una vez agotada la prestación por desempleo, contributiva o asistencial, con la condición de que se mantenga la inscripción como persona desempleada en la oficina de empleo (art. 36.1.1º RD 84/1996). Se trata de una situación asimilada al alta que implica una ampliación reglamentaria de la reconocida en el art. 166.1 LGSS, que se aplica a todas las pensiones y que exige para su aplicación que la inscripción como demandante de empleo se mantenga en el tiempo y durante todas las interrupciones laborales, demostrando inequívocamente su voluntad de incorporación al trabajo y que su situación de paro es, por tanto, involuntaria (STS de 14 de abril de 2000, rec. 1721/1999), aunque como se sabe, hay una aplicación judicial que flexibiliza el rígido requisito de inscripción ininterrumpida cuando concurren causas justificativas y razones humanizadoras (por todas, STS 16 de diciembre de 1999, rec. 1789/1999). Se trata en definitiva de una situación asimilada al alta en la que no hay obligación de cotizar pero resulta altamente beneficiosa pues, por un lado, no impedirá o no hará más gravoso el acceso a las pensiones, evitando incluso exigencias de periodos cotizados en los casos derivados de accidente no laboral, y por otro lado, además contribuye a facilitar dicho acceso en los casos derivados de enfermedad común y en jubilación, al permitirse en esta situación la aplicación de técnicas como la teoría del paréntesis en el cómputo de las carencias específicas, previsto para todas las pensiones en el 195.3 LGSS para la pensión de incapacidad permanente, en el art. 205.1 LGSS para la pensión de jubilación y en el 219.1 LGSS para las derivadas de muerte y supervivencia.

Otra de las soluciones que articula y permite la norma común de seguridad social para conseguir mantenerse en situación asimilada al alta en periodos de no trabajo es la que se crea con la suscripción voluntaria de un convenio especial con la Seguridad Social, situación que implica además la obligación de cotizar a cargo de la persona beneficiaria (Orden TAS/2865/2003).

Ambas técnicas son aplicables y están al alcance de los artistas, a los cuales se suma la situación asimilada especial para el colectivo que supone la de alta por periodos de inactividad prevista en el art. 249 ter LGSS, ésta puede considerarse la versión mejorada del convenio especial común, al adaptarse mejor a la intermitencia y ser mejor opción en requisitos y cobertura que la que éste supone. En cuanto a la situación asimilada al alta que implica el paro involuntario y la obligación de mantenerse inscrito como demandante de empleo entre las distintas actuaciones y contrataciones, cabría plantearse introducir alguna especialidad que garantice y adapte las obligaciones y compromisos que dimanan de la condición de demandante de empleo, partiendo de que las sucesivas interrupciones entre contratos y actuaciones se convierten para este colectivo en periodos destinados a formación, ensayos y preparación de próximas actuaciones o temporadas ante las exigencias del desempeño de estas profesiones.

8. LA PENSIÓN DE JUBILACIÓN

El régimen jurídico de la pensión de jubilación en los últimos años ha ido evolucionando marcado por grandes reformas que han trastocado intensamente la pensión en sus reglas de cálculo, en sus requisitos de acceso, en su régimen de compatibilidad con el trabajo...en cambio, no se han reflejado para el sector artístico medidas que compensen la sucesión de intermitencias en la vida laboral propia de este colectivo.

En el informe de la subcomisión parlamentaria se contemplan propuestas dirigidas a modificar algunos aspectos de la pensión de jubilación para el colectivo de artistas tales como, modificar las reglas de cómputo de cotizaciones para obtener la pensión, el límite de edad en profesiones artísticas de vida laboral corta y las reglas de formación de la base reguladora, ampliando el número de años a tener en cuenta y a cambio, permitiendo descartar los peores (apdo. 51). Puede apreciarse que todas ellas, especialmente las que afectan a la edad de acceso a la jubilación y a la posibilidad de formar la base reguladora con una elección de los mejores años cotizados, son medidas que pueden encontrarse entre las propuestas que reivindican que se adopten las modificaciones necesarias para poder adaptar la pensión de jubilación a la realidad actual, marcada por una integración tardía de los jóvenes al mercado de trabajo y por unas carreras de cotización discontinuas y precarias por naturaleza, así como por la magnitud alcanzada a través de los numerosos expedientes de regulación de empleo durante la crisis económica que arrancó en 2008 y se extendió durante varios años, que han dado lugar a situaciones de pérdida de empleo masivo que implican que los últimos años previos al acceso a la pensión no sean ya necesariamente los mejores de la carrera laboral.

Tras la reforma integral que se produjo con la Ley 27/2011, aun camino de culminar algunos de sus periodos transitorios, seguida de la de 2013 en la que, entre otras cosas, se inicia una novedosa manera de revertir la incompatibilidad entre la pensión de jubilación y el trabajo, se han producido reformas más recientes, que no serán las últimas, en las que se han ido realizando retoques que, en orden a mantener la viabilidad y la sostenibilidad del sistema público de Seguridad Social, se han centrado en incorporar medidas para aumentar los ingresos, como las que ya se comentaron en su momento respecto a la cotización de los trabajadores por cuenta propia o autónomos, cuya cuota quedará fijada tras un período transitorio en relación a sus ingresos, por otro lado, al llamado mecanismo de equidad intergeneracional en vigor desde 2023 sujeto también a un aumento gradual año tras año con el fin básicamente de nutrir el fondo de reserva de la Seguridad Social y puede destacarse también la medida que implica la obligatoriedad de cotizar también por las retribuciones que superen el tope máximo de cotización. Por otro lado, diferentes reformas se han caracterizado también en eliminar aquellas medidas que estaban contribuyendo al empobrecimiento de las personas pensionistas, o iban a empezar a hacerlo, básicamente devolviendo el sistema de revalorización conforme al IPC para garantizar el valor adquisitivo de las pensiones y eliminando el factor de sostenibilidad antes de su entrada en vigor; asimismo las reformas se han ocupado de introducir medidas de igualdad, como las que tienen por causa la reducción de la brecha de género en pensiones o el cómputo de los periodos cotizados respecto de personas trabajadoras a tiempo parcial.

Todo ello afecta al colectivo objeto de estudio de manera distinta, pues si se tiende a reducir las cuantías de la pensión con fórmulas amplias y rígidas de cálculo de las bases reguladoras, o se disminuye el porcentaje aplicable exigiendo más tiempo cotizado, sin duda afectará a un colectivo al que le cuesta más reunir esos periodos cotizados y estas exigencias de grandes carreras de seguro actualmente inundan la regulación de la pensión de jubilación en todos sus aspectos, no solo cuantía, sino también acceso a la jubilación anticipada y coeficiente reductor a aplicar, acceso al régimen de envejecimiento activo…en algunos casos se ha introducido alguna matización para el colectivo, como veremos en el caso de la compatibilidad de la jubilación con el trabajo, pero lo normal es que no sea tenido expresamente en cuenta y que algunos cambios producidos generen dudas sobre cómo aplicarse o fundirse con la normativa especial de integración.

Así es, en el régimen jurídico de la pensión de jubilación los requisitos de acceso se han alterado especialmente a partir de la reforma llevada a cabo por la Ley 27/2011, la principal característica en este sentido consistió en retrasar la edad de jubilación a los 67 años de edad, si bien, se mantuvo la de 65 para quienes acreditaran 38 años y medio cotizados (art. 205 LGSS). Surge una situación drásticamente distinta a la situación anterior a la reforma en la que la edad ordinaria estaba fijada en 65 años de edad y el periodo de cotización para el acceso a la pensión era de 15 años cotizados, debiendo acreditar al menos 2 en los últimos 15. Con la reforma citada, que se pone en marcha en 2013 y se somete a un largo periodo transitorio (DT 7ª LGSS) surge una nueva dimensión que va a depender de los periodos cotizados, la edad ordinaria de jubilación, que será 65, 67 o una edad intermedia, dependiendo del periodo que se acredite como cotizado; además, la regulación va a influir también en el acceso a la jubilación anticipada y en la calificación de la jubilación demorada, pues en una y otra el requisito de edad se fija a partir de utilizar como referencia la edad ordinaria de jubilación. El recurso a periodos cotizados se utiliza ahora, por tanto, también para determinar la edad ordinaria de jubilación, además de para señalar el requisito de acceso y para fijar la cuantía o porcentaje aplicable a la base reguladora de la pensión.

Resulta coherente que los días asimilados a cotizados de los que se benefician artistas y profesionales técnicos han de poder computarse también para determinar la edad ordinaria de jubilación, tan íntimamente ligada al periodo cotizado de acceso al derecho. El RD 1716/2012 señala que, para determinar los periodos de cotización computables para fijar la edad de acceso a la pensión de jubilación, además de los *días efectivamente cotizados* por el interesado, computarán otros que son asimilados a cotizados, refiriéndose concretamente a los correspondientes a periodos previstos en los arts. 235 a 237 LGSS (excedencia por cuidado de hijos o familiares, periodos asimilados por parto…). En el contexto de este artículo, en el caso de los días asimilados aplicables a artistas y personal técnico y auxiliar que se producen tras la regularización anual, no tienen la misma naturaleza que estos periodos asimilados contemplados en los preceptos citados en los que no hay relación alguna con la cotización y actúan como un reconocimiento respecto de periodos interrumpidos por causas de conciliación familiar; en cambio en el caso del colectivo objeto de estudio, una vez realizada la regularización se convierten en puridad en días efectivamente cotizados pues se generan y su número depende directamente de las bases de cotización (art. 32 RD 2064/1995) y puramente son fruto del reparto en el tiempo que se hace de periodos concentrados que por sí solos serían grave obstáculo para acceder a la acción protectora de la Seguridad Social; interpretación que se ajusta de forma natural a la finalidad de facilitar el acceso a las pensiones que la norma de integración atribuye a estos días asimilados, recordemos que el art. 3 Orden de 30 de noviembre de 1987 señala que *se considerarán asimilados al alta tanto para causar derecho a prestaciones como a efecto de completar el período mínimo de cotización exigible, para la determinación del porcentaje de la pensión de jubilación y para el cálculo de la base reguladora de las prestaciones.*

En un futuro próximo se pondrá en marcha otra reforma que va a afectar al cómputo de las bases reguladoras de la pensión de jubilación, introduciendo un modelo que beneficiará al sector cultural en la medida en que permitirá descartes de mensualidades que no interesen. Así, la reforma por RD-Ley 2/2023, con el objetivo fundamental de introducir *un importante refuerzo de la capacidad financiera del sistema con el fin de establecer las bases que garanticen la sostenibilidad del sistema en los próximos treinta años* adopta, entre otras novedades, las nuevas fórmulas para calcular las pensiones de jubilación futuras con las que *aborda el problema al que se enfrentan quienes acceden a la pensión de jubilación con carreras de cotización irregulares marcadas por la inestabilidad y la precariedad laboral* (exposición de motivos); esta nueva manera de calcular la base reguladora de la pensión de jubilación, permitirá descartar un número de mensualidades determinado según el año de acceso a la pensión, ya que entra en vigor a partir del 1 de enero de 2026 con un largo periodo transitorio hasta 1 de enero de 2037 (DT 40ªLGSS), momento en que ya permitirá descartar 24 mensualidades de un periodo de los últimos 29 años, conforme al art. 209.1 LGSS; además, hasta 2043 incluido, está prevista la posibilidad de aplicar por la entidad gestora la base reguladora más favorable, entre la correspondiente al año en que se cause la pensión y la vigente a 1 de enero de 2023, con algunos ajustes, que podría resultar más beneficiosa a colectivos con carreras más estables, aunque no permita descartar mensualidad alguna (DT 6ª.7 LGSS). Por otro lado, también en el ámbito de las reglas comunes y focalizado en la reducción de la brecha de género en pensiones, a partir del 1 de enero de 2026, se amplía el período de integración de lagunas de cotización en el cálculo de la base reguladora (DT 41ª LGSS) para mujeres trabajadoras por cuenta ajena, también en favor de hombres cuando se cumplan alguno de los requisitos previstos en el art. 60.1 respecto del complemento de pensiones para reducción de la brecha de género. Regulación toda ella aplicable con carácter general a las personas trabajadoras por cuenta ajena y por cuenta propia, salvo en lo que atañe al régimen de integración de lagunas o períodos no cotizados para el cálculo de la base reguladora de la pensión de jubilación, que cuenta con una regulación específica que entrará en vigor el 1 de enero de 2026, no habiendo existido hasta la fecha la posibilidad para los trabajadores por cuenta propia de integrar lagunas de cotización en el cálculo de la base reguladora de la pensión de jubilación.

8.1. Adelanto de la edad de jubilación y Jubilación anticipada

En el régimen común de la pensión de jubilación se recogen, con carácter general, dos tipos de jubilación que se adelantan a la edad ordinaria. Por un lado, la que se permite a ciertos colectivos, bien por el tipo de actividad que realizan (art. 206 LGSS) o bien por tener la condición de persona discapacitada (art. 206 bis LGSS), y que tiene, como características principales, que para su acceso basta con acreditar el periodo de carencia general y que este adelanto no afecta a la cuantía de la pensión, no resultando penalizada por este hecho. Por otro lado, la jubilación anticipada regulada en los arts. 207 y 208 LGSS a la que cualquier persona que reúna los requisitos podría acceder y que tiene doble régimen en función de si la pérdida del trabajo previo ha sido o no por causa ajena a la voluntad de la persona; si bien, cualquiera de los dos regímenes exige para el acceso al derecho extensos periodos cotizados, 33 o 35 años, según el supuesto, y en ambos se contempla una aminoración en la cuantía de la pensión por aplicación de coeficientes reductores que cambian en función del número de meses de adelanto en relación a la edad ordinaria de jubilación, y en función del periodo que se acredite cotizado.

En esta materia, las especialidades que se prevén en la norma de integración, permite señalar que dentro del amplio colectivo, para algunos es tenida en cuenta su particular actividad que les permite adelantar su edad ordinaria de jubilación, encajando pues en las posibilidades que permite el art. 206 LGSS; y para el resto, simplemente se regula una posibilidad de adelanto de la edad, con penalización en la cuantía, que vendría a ser la norma especial y previsiblemente más beneficiosa (en principio) que se sitúa en el lugar de las previstas en los arts. 207 y 208 LGSS.

Empezando por esta última, la normativa de integración contempla una especial regulación que permite al colectivo de artistas jubilarse anticipadamente a partir de los 60 años de edad, aunque aplicando a la cuantía de la pensión una penalización consistente en una reducción de un ocho por ciento por cada año que le falte para cumplir la edad ordinaria de jubilación (art. 11 RD 2621/1986).

Añade, no obstante, que no se aplicará tal penalización a determinadas categorías de artistas, concretamente a cantantes, bailarines y trapecistas, siempre que hayan trabajado en la especialidad un mínimo de ocho años durante los veintiunos anteriores al de la jubilación. Tenemos aquí la situación que, como se ha señalado, encajaría en las que el régimen común prevé en el art. 206 LGSS.

En cualquier caso, para el acceso a cualquiera de ambas opciones, en la fecha del hecho causante la persona trabajadora debe encontrarse de alta o al menos en una situación asimilada al alta, requisito que no es necesario cumplir cuando se accede a la jubilación a la edad ordinaria de jubilación, aunque siempre será más ventajoso al poder contar con la aplicación de la teoría del paréntesis que facilita el cumplimiento de la carencia específica, como ya se trató.

Una vez más, las situaciones válidas de alta o situación asimilada comprenden tanto los días asimilados a días cotizados, como los correspondientes al alta en períodos de inactividad del art. 249 ter cuya acción protectora, como vimos, abarca también a las pensiones. Sin embargo, el mínimo de ocho años de trabajo en la especialidad dentro de los últimos veintiuno no parece que pueda ser alcanzado sumando períodos cotizados en situación de inactividad, aunque sí debe permitir computar los días asimilados a días cotizados, pues en todo caso como se ha señalado, son días a los que se acuñan cotizaciones reales derivadas de un reparto que depende directamente de las bases de cotización acumuladas, por lo que son en puridad días efectivamente cotizados, y si vienen propiciados o derivan de la realización de alguna de las actividades citadas, deben computarse a efectos de acreditar los ocho años necesarios. Por lo que respecta a los periodos de inactividad, en cambio, como su nombre indica, no pueden corresponderse con tiempo dedicado al efectivo “trabajo en la especialidad" que precisamente, trata de demostrar el no abandono total de la profesión a efectos de que cantantes, bailarines y trapecistas puedan beneficiarse de este adelanto no penalizado de la edad de jubilación. Además, se convierte en razón de peso para quienes no han estado correctamente encuadrados en este sistema especial de artistas soliciten tal cambio con efectos retroactivos. A tal fin, se ha considerado que el periodo de prescripción previsto en la LGSS que afecta a la recaudación de las cotizaciones, no se aplica a efectos de retrotraer el alta en este sistema especial a periodos anteriores, (SSTSJ de Madrid, contencioso-admvo. de 22 de mayo de 2014, rec.103/2013 y de 11 de marzo de 2015, rec.108/2013). Por otra parte, el Informe de la subcomisión parlamentaria propone ampliar el período de veintiuno a veintiséis años y ampliar de ocho a diez años como justificación de permanencia real en la profesión (apdo. 55 del Informe).

En cuanto al régimen de jubilación anticipada previsto para el resto del colectivo de artistas, la edad mínima de 60 años y el porcentaje fijo del ocho por cien por año de adelanto que le falte hasta cumplir los sesenta y cinco, nos recuerda a la regulación clásica y tradicional que, bastante más actualizada, sigue contemplada en la Disposición Transitoria cuarta de la LGSS para quienes tuvieran la condición de Mutualistas el 1 de enero de 1967 (norma 2ª, apdo. 1); para este colectivo, ya prácticamente inexistente, se ha mantenido tradicionalmente un régimen más beneficioso, no solo por la edad mínima menor que la contemplada con carácter general en los artículos 207 y 208 LGSS, sino especialmente por el requisito de cotización para acceder a esta jubilación anticipada que para quienes estuvieron en el Mutualismo Laboral sigue siendo el requisito de los quince años previsto para el acceso a la jubilación en la edad ordinaria. Por lo que respecta al porcentaje de penalización, con el paso del tiempo se reformó este régimen para posibilitar una penalización inferior al ocho por cien por año de adelanto, si ya tenían cotizados al menos treinta años y el cese en el trabajo había sido como consecuencia de la extinción del contrato de trabajo en virtud de causa no imputable a la libre voluntad del trabajador. Cumpliendo estos requisitos la penalización se aminora en función de los concretos años que se acrediten cotizados, siendo el mínimo de reducción el del seis por cien por año de adelanto si el sujeto acreditara cuarenta o más años cotizados. Al introducirse para este colectivo de antiguos mutualistas la posibilidad de aminorar la penalización en función de los años cotizados, se establecía para ellos una regulación equiparable en este aspecto a la que ya se había introducido en el régimen común y se extendería también a los trabajadores del mar, a partir de la reforma por RD-Ley 16/2001 y leyes posteriores.

El colectivo de artistas, sin embargo, sigue en esta materia con una redacción antigua y obsoleta tal y como se hereda del antiguo Régimen especial de artistas, y que responde a un diseño clásico, en el que no se contemplan factores que permitan reducir el porcentaje de penalización sobre la cuantía de la pensión. Por tanto, la jubilación anticipada prevista en el art. 11 del RD 2621/1986 ha quedado congelada e inalterada a pesar, como se ha visto, de los cambios que, sobre fórmulas similares, se han ido introduciendo en el Régimen General; además, por si cabe la duda, en sede judicial se ha descartado que sea una regulación transitoria aplicable únicamente a los que pertenecieron al extinto Régimen Especial de Artistas (STSJ de Madrid, de 31 de octubre de 1997, rec.1339/1997).

En definitiva, tienen a su alcance la posibilidad de adelantar la edad de jubilación a partir de los 60 años, les basta con acreditar los quince años cotizados y dos al menos dentro de los últimos quince, requeridos con carácter general en el art. 205 de la LGSS, y sean cuantos sean los años que acrediten cotizados se les aplicará una penalización del ocho por ciento por año que adelanten la jubilación respecto de los 65 años.

Ahora bien, la existencia de este régimen especial de jubilación no impide que puedan acogerse a las normas comunes de jubilación anticipada reguladas para el Régimen general si les resultasen más favorecedoras, aunque mantienen muchas diferencias y cada caso deberá ser analizado a estos efectos, pero, sacrificando la posibilidad de jubilarse a los 60, podrían llegar a resultar más beneficiosas ante largas carreras de cotización. Así, por un lado, los requisitos de cotización para el acceso al derecho son bastante más rigurosos, al exigirse 35 años cotizados o 33 según si el cese en el trabajo es voluntario o involuntario; por otro lado, la edad para el acceso a esta jubilación anticipada habría que calcularla a partir de la edad ordinaria de jubilación previsible, pudiendo adelantarse cuatro años en el régimen de involuntariedad del art. 207 o solo dos en el otro caso, por lo que, en cualquier situación y partiendo de que la edad ordinaria está fijada, como se ha señalado, entre los 65 y los 67 años de edad, va a resultar una edad posterior a la de 60; y por último, debe destacarse que el régimen común, ya sea el del art. 207 como el del art. 208 LGSS, les permite obtener la pensión anticipada aplicando unos coeficientes reductores por mes de adelanto, que podían dar como resultado un porcentaje de reducción inferior al del 8 por ciento por año de adelanto, que es el único fijado en la norma especial para artistas, aunque para ello deben sacrificar la posibilidad de adelantar a los 60 años, que es realmente el gran aliciente que pueda tener esta regulación.

Por ejemplo, aplicando el régimen de jubilación anticipada voluntaria del art. 208 LGSS, para que el porcentaje de aminoración resultara más beneficioso que el previsto para artistas, tendría que tener más de 44 años cotizados (13 % frente al 16%) teniendo en cuenta que adelantara lo máximo permitido que son solo 2 años respecto a la edad ordinaria de cotización, que en un ejemplo como éste sería de 65, por lo que podría como mucho adelantar la jubilación a los 63 años de edad. Además, se encontraría con otros obstáculos no presentes en el régimen de la normativa de integración, como la exigencia de que para poder jubilarse por vía del art. 208 LGSS el importe de la pensión a percibir ha de resultar superior a la cuantía de la pensión mínima en los términos del apdo. 1.c) del citado artículo. En cuanto a la vía del art. 207 LGSS, el requisito de que el cese en el trabajo se haya producido por alguna de las causas en él previstas, también dificultan para los artistas su acceso, al no estar contemplada la extinción del contrato por llegada a término y, además, respecto de la edad, permite adelantar hasta cuatro años respecto a la edad ordinaria, con lo cual tampoco alcanzaría la edad de 60 años.

En definitiva, aun con la penalización del 8 por ciento por año de adelanto, la posibilidad de adelantar a los 60 años de edad, sin más requisitos adicionales que estar de alta o en situación asimilada al alta, la convierte con carácter general en una opción más favorable en relación a la regulación común. Conviene adelantar en este momento que, como se verá, la posibilidad de compatibilizar jubilación y trabajo para este colectivo goza de un régimen más favorable que el común del art. 214 LGSS, si bien, quienes adelanten su edad ordinaria de jubilación y se acojan a la jubilación anticipada, deberán esperar a cumplir la edad ordinaria para poder beneficiarse del mismo.

Por otro lado, la jubilación a los 60 años y sin penalización en la cuantía de la pensión, es una especialidad al alcance de unos profesionales muy específicos dentro del genérico colectivo de artistas tales como cantantes, bailarines y trapecistas, siempre que hayan trabajado en la especialidad un mínimo de ocho años durante los veintiunos anteriores al de la jubilación. Esta regulación, como se ha señalado, tiene un adecuado encaje en el régimen común del Régimen General, cuyo art. 206 de la LGSS permite que la edad ordinaria de jubilación pueda ser rebajada en determinadas actividades, atendiendo a su naturaleza excepcionalmente penosa, peligrosa o insalubre, o a que su desempeño requiera especiales condicionamientos físicos o psíquicos que aconsejen esta anticipación, de ahí que la doctrina entiende que tal especialidad deba considerarse vigente igual que ocurre con otros colectivos que tradicionalmente cuentan con una especial regulación en similar sentido como pilotos, trabajadores ferroviarios o mineros, entre otros. Son realmente colectivos a los que se les fija una edad ordinaria de jubilación anterior a la fijada con carácter general, no se trata por tanto de una situación que penalice la cuantía de la pensión ya que deriva de las condiciones en que se presta la actividad. Tampoco esta especialidad ha sido objeto de evolución, se mantiene inalterada desde el inicio, sin que se hayan introducido nuevas categorías a las previstas, limitadas a las de cantantes, bailarines y trapecistas, ni se hayan planteado distintas edades para distintas figuras, recuérdese que el apartado tercero del art. 206 señala como suelo, a estos efectos, la edad de 52 años, y la norma de integración ya contemplaba que conforme al art. 154.2 LGSS de aquel entonces (actual art. 206) a petición de las organizaciones sindicales más representativas y previos los estudios técnicos oportunos, se podría reducir la edad de jubilación de las categorías profesionales citadas o, en su caso, ampliar dicha reducción a otras categorías profesionales (art. 11.4 RD 2621/1986).

Cabe recordar que el art. 206 es también aplicable a las personas trabajadoras por cuenta propia, así como la posibilidad de acceso a la jubilación anticipada voluntaria prevista en el art. 208 LGSS (art. 318.d) LGSS), sin embargo, en tiempos pasados tuvieron vetada la posibilidad de jubilarse anticipadamente por lo que no se les aplica la posibilidad de adelantar con la penalización del 8 por ciento prevista en el art. 11.1 RD 2621/1986, exceptuando la posibilidad contemplada en la DT 5ª.2 para situaciones de cómputo recíproco de cotizaciones y únicamente aplicable a quienes tuvieran la condición de mutualistas a 1 de enero de 1967. Sin embargo, debe considerarse que la posibilidad de adelanto prevista en el apartado 2 del art. 11 RD 2621/1986, por razón de la actividad realizada a cantantes, bailarines y trapecistas, ha de poder aplicarse a artistas trabajadores por cuenta propia, en tanto que es un desarrollo directo del art. 206 LGSS, aplicable también al RETA, pues lo importante es la constatación de que es la actividad la que lleva a la posibilidad de adelantar la jubilación, siendo intrascendente en la normativa actual que ésta se realice por cuenta ajena o por cuenta propia; aunque seguramente será necesaria una norma que expresamente lo contemple.

Si nos fijamos en el régimen común, lo cierto es que el desarrollo del art. 206 de la LGSS presenta importantes ausencias, además de ser un precepto que solo muy esporádica y excepcionalmente es utilizado. Al margen de los tradicionales supuestos históricamente contemplados, entre ellos el de los mineros, pilotos, incluso los propios artistas en el sentido señalado, son escasos los colectivos que, por razón de la actividad que desarrollan, han visto reducida su edad de jubilación en los últimos años. Las últimas regulaciones al respecto han sido en favor de bomberos (RD 383/2008, de 14 de marzo), el cuerpo de la Ertzaintza (DA 20ª LGSS introducida por LPGE para 2010), el caso de la policía local (RD 1449/2018, de 14 de diciembre), y el de Mossos d'Esquadra y policía Foral de Navarra (DA 20 bis y ter LGSS, introducidas por LPGE para 2022). En todos estos casos, la modalidad utilizada, con carácter general, es la de aplicación de coeficientes reductores en función del número de años destinados a dicha actividad, y el periodo de tiempo en que resulta reducida la edad se computará como cotizado a efectos de calcular el porcentaje aplicable a la base reguladora de la pensión; elementos que no aparecen en la escueta regulación prevista para cantantes, bailarines y trapecistas.

La regulación común del art. 206, aplicable igualmente a este colectivo, ha evolucionado hacia la elaboración reglamentaria de un procedimiento general por el que, de forma global, pueda plantearse la necesidad del adelanto por razón de la actividad desarrollada respecto de cualquier colectivo, procedimiento que incluirá, entre otras, la realización previa de *estudios sobre siniestralidad en el sector, penosidad, peligrosidad y toxicidad de las condiciones del trabajo, su incidencia en los procesos de incapacidad laboral de los trabajadores y los requerimientos físicos o psíquicos exigidos para continuar con el desarrollo de la actividad a partir de una determinada edad.* Además, se señala que será última opción pues *el establecimiento de coeficientes reductores de la edad de jubilación solo procederá cuando no sea posible la modificación de las condiciones de trabajo.* Dicho procedimiento regulado por RD 1698/2011, de 18 de noviembre, de momento se encuentra pendiente de adaptación, pero el art. 206 ya contempla su carácter revisable y en su caso, la compensación mediante una cotización adicional que recaerá sobre empresa y trabajadores para mantener el equilibrio financiero del sistema: *la aplicación de los coeficientes reductores que se establezcan llevará consigo un incremento en la cotización a la Seguridad Social, a efectuar en relación con el colectivo, sector y actividad que se delimiten en la norma correspondiente, en los términos y condiciones que, asimismo, se establezcan. Dicho incremento consistirá en aplicar un tipo de cotización adicional sobre la base de cotización por contingencias comunes, tanto a cargo de la empresa como del trabajador.*

La normativa reglamentaria citada permite que las regulaciones existentes a su entrada en vigor se continúen rigiendo por su normativa específica, por lo que la prevista para artistas se mantiene vigente, y una hipotética utilización de este procedimiento podría darse para proceder a una actualización de un régimen de adelanto de la edad de jubilación que ha quedado claramente obsoleto y que no permite incorporar mejoras que se acuñan actualmente a este tipo de regulaciones, como la posibilidad de computar el tiempo que les falta para cumplir la edad ordinaria de jubilación como tiempo cotizado a efectos de la cuantía de la pensión.

8.2. El régimen especial de compatibilidad entre pensión y trabajo

La regulación de la compatibilidad entre la pensión de jubilación y el trabajo del pensionista ha sido una materia objeto de reformas y controversias en los últimos años, tanto con alcance de carácter general como también de forma específica para los trabajadores de la cultura. Actualmente pues contamos con una normativa en el Régimen General que contempla las diferentes fórmulas jurídicas a través de las cuales se regula la compatibilidad de la pensión de jubilación con el desarrollo de una actividad, ya sea por cuenta ajena, ya sea por cuenta propia, fórmulas que han evolucionado especialmente desde 2013. Paralelamente, contamos también con una normativa específica para el sector de la cultura que se inició por el RD 302/2019, de 26 de abril, por el que se regulaba la compatibilidad de la pensión contributiva de jubilación y la actividad de creación artística, en desarrollo de la disposición final segunda del Real Decreto-Ley 26/2018, de 28 de diciembre, por el que se aprueban medidas de urgencia sobre la creación artística y la cinematografía; aquel RD de 2019 en la actualidad se encuentra ya derogado y sustituido por la regulación contenida en la LGSS.

El citado Real Decreto-Ley 26/2018 instaba al Gobierno a aprobar, en el plazo de seis meses, una norma reglamentaria que, en desarrollo del art. 213 LGSS, regulara los términos y condiciones de la compatibilidad del percibo de la pensión de jubilación con la actividad de aquellos profesionales dedicados a la creación artística que perciban por esa actividad derechos de propiedad intelectual, indicando que llevaría aparejada una cotización de solidaridad. Previamente el Informe de la subcomisión Parlamentaria dedica un espacio importante a abordar esta propuesta partiendo de las reivindicaciones que ya habían sido puestas de manifiesto en proposiciones no de Ley aprobadas por la Comisión de Cultura del Congreso de los Diputados en 2016 (BOCG de 11 de abril de 2016, Serie D, núm.50).

En un segundo momento en la evolución de esta normativa, el RD-Ley 1/2023 introduce el art. 249 quater en la LGSS para regular este específico régimen de compatibilidad, o jubilación activa de artistas, que permite, como veremos, obtener la pensión y dedicarse a la actividad artística sin merma en su cuantía; la misma norma deroga el citado RD 302/2019 aunque posteriormente RD-Ley 2/2023 introduce una DT 5ª en el RD-Ley 1/2023, para que puedan seguir manteniendo el régimen de compatibilidad del RD

302/2019 aquellas personas a las que ya se les aplicaba antes del 1 de abril de 2023, por sus intermitentes periodos de actividad y por el tiempo necesario hasta cumplir la edad ordinaria de jubilación.

La introducción del art. 249 quater en la LGSS contribuye a la visibilidad y consolidación de la importancia de la protección social del colectivo de artistas, que cuenta ya con una sección 4ª en el capítulo XVII del Título II que se ha denominado "artistas en espectáculos públicos" que fue inaugurada con el art. 249 ter para regular los periodos de inactividad de artistas incluidos en el Régimen General, modificación introducida por el RD-Ley 26/2018 y posteriormente el RD-Ley 1/2023 incorpora el art. 249 quater, ambos preceptos en la misma sección aunque, remitiéndome a la interpretación realizada respecto de los periodos de inactividad regulados en el art. 249 ter, puede mantenerse que ambos preceptos tienen un campo de aplicación distinto, como veremos a continuación. Siendo ello así, la propuesta sería que debiera cambiarse el nombre a la sección 4ª citada, y en lugar de "artistas en espectáculos públicos", se denomine "Trabajadores del sector cultural", coherente también con el título del capítulo "Disposiciones aplicables a determinados trabajadores del Régimen General".

8.2.1. Campo de aplicación

El régimen jurídico del art. 249 quater está ya inspirado en la regulación a la que sucede recogida en el derogado RD 302/2019, pero una de las diferencias más importantes puede verse en el campo de aplicación. El art. 249 quater delimita un campo de aplicación que, además de a la actividad realizada por los autores de obras literarias, artísticas o científicas en los términos que ya contemplaba el RD 302/2019, añade a estos efectos la realizada por las personas que desarrollan actividades artísticas entendidas en los mismos términos amplios en que se recogen en el artículo 1. 2, párrafo 2.º del RD 1435/1985, de 1 de agosto, por el que se regula la relación laboral especial de las personas artistas que desarrollan su actividad en las artes escénicas, audiovisuales y musicales, así como de las personas que realizan actividades técnicas o auxiliares necesarias para el desarrollo de dicha actividad.

Así, en el apartado 1, la letra a) incluye como actividad artística compatible tanto si es realizada por cuenta ajena como por cuenta propia, *la realizada por las personas que desarrollan actividades artísticas, sean dramáticas, de doblaje, coreográfica, de variedades, musicales, canto, baile, de figuración, de especialistas, de dirección artística, de cine, de orquesta, de adaptación musical, de escena, de realización, de coreografía, de obra audiovisual, artista de circo, artista de marionetas, magia, guionistas, y, en todo caso, la desarrollada por cualquier persona cuya actividad sea reconocida como artista intérprete o ejecutante del título I del libro segundo del texto refundido de la Ley de Propiedad Intelectual, aprobado por del Real Decreto Legislativo 1/1996, de 12 de abril, regularizando, aclarando y armonizando las disposiciones legales vigentes sobre la materia, o como artista, artista intérprete o ejecutante por los convenios colectivos que sean de aplicación en las artes escénicas, la actividad audiovisual y la musical, conforme al artículo 1. 2, párrafo 2.º del RD 1435/1985, de 1 de agosto, por el que se regula la relación laboral especial...*

Si bien, a pesar de estar incluidos en la relación laboral especial, la referencia expresa al párrafo 2º del art. 1.2 del citado RD excluye del campo de aplicación de este régimen de compatibilidad al personal técnico o auxiliar que realiza actividades necesarias para el desarrollo de la actividad artística, colectivo que, desde la reforma por RD-L 5/2022, como se trató, comparte otras peculiaridades como las de cotización y algunas de las relacionadas con la relación laboral especial, por compartir similar intermitencia en su actividad, pero no este régimen de jubilación activa que se sustenta en que el acceso a la condición de pensionista no deba ser obstáculo para que creadores y artistas, que "desarrollan" una actividad artística, sigan contribuyendo al acervo cultural.

Por otro lado, en la delimitación del campo de aplicación del art. 249 quater, se añade la letra b) del mismo apartado 1, en la que se entiende también como trabajo por cuenta ajena o actividad por cuenta propia compatible con la pensión de jubilación, la *desempeñada por autores de obras literarias, artísticas o científicas, tal como se definen en el capítulo I del título II del libro primero de la Ley de Propiedad Intelectual…se perciban o no derechos de propiedad intelectual por dicha actividad, incluidos los generados por su transmisión a terceros y con independencia de que por la misma actividad perciban otras remuneraciones conexas.* En este apartado se recoge el colectivo de los creadores de obras de cualquier naturaleza, no solo artística en las artes escénicas, audiovisuales y musicales (autores de canciones, de obras de teatro…) sino que también abarca otros tipos como puedan ser las obras en el ámbito de las artes plásticas o fotográficas… y además, junto a los creadores de obras artísticas se incluyen también los de obras literarias (libros, escritos…) y científicas (diseños de ingeniería, proyectos, mapas, libros…). Quedan aquí incluidos por tanto los escritores de libros, actividad generalizadamente incluida en el RETA, que también contó con un Régimen especial propio y distinto del de artistas, y cuya integración también a partir de la normativa de 1985, lo fue en el RETA. Sobre éstos, la situación de compatibilidad de su actividad literaria con la pensión de jubilación, era tratada de manera distinta en su antiguo y extinto Régimen Especial de Escritores de Libros, ya que el régimen de incompatibilidad se regulaba con respecto a cualquier trabajo o actividad, siempre que no fuera ésta en particular; por tanto, una vez se accedía a la pensión de jubilación al haber cotizado el tiempo suficiente para ello, podían, sin obligaciones de Seguridad Social, seguir creando y ejerciendo su actividad literaria en los mismos términos, lo que en el fondo podía entenderse como un reconocimiento al colectivo por el valor cultural de su actividad (ARADILLA, 2017).

El art. 2 del RD 302/2019, primera norma que reguló esta especial compatibilidad incluía en su campo de aplicación exclusivamente a quienes *desempeñen una actividad de creación artística por la que perciban ingresos derivados de derechos de propiedad intelectual, incluidos los generados por su transmisión a terceros, con independencia de que por la misma actividad perciban otras remuneraciones conexas.* Se trataba de un colectivo, el de creadores y autores, hoy enmarcado en el apartado b) del art. 249 quater que incluso se muestra más amplio, evitando problemas interpretativos, puesto que hace referencia expresa a todo tipo de obras y, además, no exige que necesariamente se perciban derechos de propiedad intelectual para beneficiarse de esta compatibilidad.

La cuestión interpretativa que se ha planteado es la de si los colectivos de artistas de la letra a) percibieran derechos derivados de la propiedad intelectual, estarían dentro del campo de aplicación de este art. 249 quater y podrían compatibilizar la pensión de jubilación con la percepción de dichos derechos. Para el INSS (Criterio de gestión 15/2023, de 10 de julio) la respuesta es que la percepción de tales derechos no impide, en ningún caso, la aplicación de este régimen de compatibilidad: *desde el momento en que el artículo 249 quater. 1 a) del TRLGSS determina la compatibilidad entre el percibo del 100 por ciento del importe de la pensión de jubilación contributiva con el trabajo, tanto por cuenta ajena como por cuenta propia, de las personas que desarrollen una actividad artística, implícitamente está considerando compatible dicha pensión con cualquier rendimiento que pueda generar ese tipo de trabajo, por lo que los derechos de propiedad intelectual, incluidos los derivados de su transmisión a terceros, y con independencia de que por la misma actividad perciban otras remuneraciones conexas, generados por una actividad artística compatible son igualmente compatibles con la pensión de jubilación.* Añade, que si es una aclaración que aparece únicamente en el apartado b) *ha sido tan solo por conllevar normalmente el tipo de actividad artística a la que se refiere esa letra —"autor de obras literarias, artísticas o científicas"—, derechos de propiedad intelectual, menos frecuentes previsiblemente en las actividades que se relacionan en la letra a), pero sin que ello deba inducir a considerar que tales derechos resultan incompatibles en los supuestos de la letra a).*

Y además junto a los derechos de propiedad intelectual, deben entenderse también incluidas las percepciones por derechos de imagen que derivan del trabajo en la actividad artística cuestión que argumenta a partir del régimen jurídico de la prestación especial por desempleo: *referencia interpretativa de esta compatibilidad entre una prestación del sistema de Seguridad Social y el cobro de derechos de imagen es la disposición final cuarta.14 del Real Decreto-ley 1/2023, de 10 de enero que compatibiliza la prestación especial por desempleo de las personas del sector artístico con los derechos de propiedad intelectual y derechos de imagen.*

8.2.2. Características del régimen especial de compatibilidad

Sin duda la principal de las características que tiene este régimen es la posibilidad de que se compatibilice cualquier tipo de actividad de las señaladas en el campo de aplicación, ya se realice por cuenta ajena o por cuenta propia, con el 100 por cien de la pensión, y además, sin que ello implique la pérdida del complemento por mínimos, si lo tuviera, y compatible también con el complemento por maternidad o reducción de la brecha de género. Este régimen marca diferencias importantes en materia de jubilación activa, ya que el régimen común previsto en el art. 214 LGSS, permite la compatibilidad con carácter general con el 50 por ciento de la pensión, siendo la posibilidad del 100 por cien limitada a los supuestos en que la actividad se realice por cuenta propia y se acredite tener contratada al menos a una persona trabajadora por cuenta ajena, primando así el mantenimiento del empleo y la continuidad del negocio o empresa de las persona titular por cuenta propia a pesar de su jubilación. Además, la posibilidad de compatibilizar con el 50 por ciento del importe de la pensión, excluye en cualquier caso el complemento por mínimos, si lo hubiera, no teniendo derecho la persona beneficiaria a dicho complemento hasta que finalice la situación de compatibilidad con el trabajo.

En el régimen especial del art. 249 quater, los requisitos son:

- Que haya cumplido la edad ordinaria de jubilación, no siendo obstáculo el hecho de que se hubiera jubilado bajo cualquier modalidad de jubilación anticipada, pero, en tal caso, tendrá que esperar a cumplir la edad ordinaria de jubilación. La norma dice que queda excluida del ámbito de este artículo *cualquier modalidad de jubilación anticipada en tanto su titular no cumpla la edad ordinaria de jubilación que le corresponda de acuerdo con el art. 205.1.a).*

  De forma diferente se regulaba en el régimen del RD 302/2019 que permitía la compatibilidad aunque no se hubiera cumplido la edad ordinaria de jubilación, de ahí la importancia de la DT 5ª del RD-Ley 1/2023; y también es distinta la regulación en el régimen común previsto en el art. 214 LGSS, en el que se exige que la jubilación haya tenido lugar al menos un año después de haber cumplido la edad ordinaria de jubilación, y que la pensión haya alcanzado la cuantía del cien por cien de la base reguladora, requisitos que limitan considerablemente el acceso a este régimen de jubilación activa, que se modificó precisamente por la Ley 21/2021 para añadir ese año más por encima de la edad ordinaria de jubilación. Se exigen por tanto requisitos de contributividad reforzada, que suponen mayores obstáculos para actividades intermitentes y no estables, además de que agrandan la brecha de género en pensiones (XIMÓ, FERNÁNDEZ, ROMERO (Ed.) 2021).

- Que no realice además otro trabajo diferente, por cuenta ajena o por cuenta propia, que de lugar a su inclusión en el campo de aplicación del Régimen General o de alguno de los regímenes especiales de la Seguridad Social. Situación en la que se aplicaría, en su caso, el régimen común que, como vemos a continuación presenta diferentes soluciones además de la prevista en el art. 214 LGSS. Y todas ellas al alcance del colectivo, incluso aunque reuniera los requisitos para que le sea aplicable el régimen del art. 249 quater, cuyo apdo. 5 señala que en tal caso *podrá optar por la aplicación del régimen jurídico previsto para cualesquiera otras modalidades de compatibilidad entre pensión y trabajo, establecidas legal o reglamentariamente, cuando reúna los requisito para ello.* De igual forma, *también podrá optar por la suspensión del percibo de su pensión...* En definitiva, no cabe perder de vista que el colectivo tiene a su alcance un amplio abanico de posibilidades pudiendo utilizar aquella que más le acomode en función de sus circunstancias.

- Durante esta situación, la empresa deberá cursar el alta y cotizar al Régimen General únicamente por contingencias profesionales, si bien, quedará sujeto a una cotización adicional de solidaridad similar a la prevista en el régimen común del art. 214 LGSS, un 9 por cien sobre la base de cotización por contingencias comunes, no computable a efectos de prestaciones, siendo el 7 por cien a cargo de la empresa y el 2 por cien a cargo de la persona trabajadora (art. 153 ter LGSS). Cabe resaltar que, al margen de la cotización de solidaridad señalada, únicamente se cotiza por contingencias profesionales, ha desaparecido la obligación de cotizar también por incapacidad temporal que se preveía en el régimen del RD 302/2009, y que sí se contempla en el régimen común del art. 214 LGSS; no hay por tanto cobertura por incapacidad temporal derivada de contingencias comunes, situación en la que la imposibilidad temporal de ejercer su actividad no le proporcionará prestación sustitutiva que compatibilizar con su pensión. Pueden en definitiva acceder a la cobertura de Seguridad Social en caso de accidente de trabajo y enfermedad profesional, situación en que podrían causar una IT, que sería compatible con la pensión, incluso podrían causar una pensión de IP por contingencia profesional (se optará por la más beneficiosa conforme al régimen general de incompatibilidad entre pensiones, art. 163 LGSS) o generar una por muerte y supervivencia. La prestación de incapacidad temporal causada durante la compatibilidad se extinguirá en la fecha en la que se causa baja en el régimen correspondiente (art. 249 quater, apdo. 6 LGSS).

- La persona beneficiaria de la situación de compatibilidad tendrá la consideración de pensionista a todos los efectos (apdo. 3, art. 249 quater LGSS), situación que incide favorablemente en la cobertura sanitaria.

8.3. Otras opciones de compatibilidad del régimen común

En el Régimen General el régimen de compatibilidad de la pensión de jubilación con el trabajo ha sufrido una importante evolución. Con carácter general disfrutar de la pensión de jubilación es incompatible con el trabajo del pensionista, si bien, se admiten excepciones, aquellas que legal o reglamentariamente se determinen (art. 213 LGSS). Actúa por tanto con carácter general la máxima de incompatibilidad, característica que responde a uno de los principios en que se sustenta el sistema público de Seguridad Social, como es el de solidaridad que se proyecta sobre el modelo contributivo de Seguridad Social realizando ajustes con el objetivo de que responda a objetivos de redistribución de las riquezas. Por tanto, históricamente no ha planteado mayores controversias la aceptación generalizada de que la consecuencia ante la vuelta al trabajo de un pensionista había de ser la suspensión de su pensión.

Con carácter general se desprende de otras normas específicas como el art. 45.2 del Decreto 2530/1970, que regula el Régimen Especial de trabajadores por cuenta propia o autónomos y puede verse cómo se articula en las Órdenes Ministeriales de desarrollo de ambos regímenes, como el art. 16 de la OM de 18 de enero de 1967 para el Régimen General, matiza que *El disfrute de la pensión de jubilación será incompatible con todo trabajo del pensionista, por cuenta ajena o propia, que dé lugar a su inclusión en el campo de aplicación del Régimen General, o de alguno de los Regímenes Especiales de la Seguridad Social;* y el art. 93 OM 24 de septiembre de 1979, reguladora del RETA, establece que *El disfrute de la pensión de jubilación será incompatible con todo trabajo del pensionista, por cuenta propia o ajena, que dé lugar a su inclusión en el campo de aplicación de este Régimen Especial, del Régimen General o de alguno de los demás Regímenes Especiales,* (y añade que) *2. El disfrute de la pensión de jubilación será compatible con el mantenimiento de la titularidad del negocio de que se trate y con el desempeño de las funciones inherentes a dicha titularidad.*

Ha sido la necesidad de introducir ajustes motivados por razones de crisis la que ha llevado a que en los últimos años se hayan producido reformas de calado que, por un lado, han incidido negativamente sobre la cuantía de la pensión de jubilación poniendo en riesgo su mantenimiento en términos de suficiencia, y por otro lado, despliegan varias fórmulas legales que, como excepción a la regla general, admiten la compatibilidad entre la pensión y el trabajo del pensionista. La presión desde instancias comunitarias que hacen eco de los problemas de sostenibilidad futura del sistema de pensiones, llevaron a adoptar medidas internas que ya se comentaron, como aquella reforma integral de la pensión de jubilación a través de la Ley 27/2011, las posteriores de 2013 revertidas en cierta medida, como vimos, y las reformas de pensiones más recientes que han venido después, a través de la Ley 21/2021, de 28 de diciembre, de garantía del poder adquisitivo de las pensiones y de otras medidas de refuerzo de la sostenibilidad financiera y social del sistema público de pensiones y especialmente el RD-ley 2/2023, de 16 de marzo, de medidas urgentes para la ampliación de derechos de los pensionistas, la reducción de la brecha de género y el establecimiento de un nuevo marco de sostenibilidad del sistema público de pensiones. En un futuro cercano entrará en vigor la reforma prevista en el RD-Ley 11/2024, de 23 de diciembre, que, entre otras cosas, altera el régimen jurídico de la jubilación activa previsto en el art. 214 LGSS, si bien, no afectará al específico previsto para el sector cultural.

En este contexto, no son de extrañar por tanto medidas que tengan por finalidad promocionar una vuelta al trabajo del pensionista que no solo beneficie al sujeto sino que a su vez sea rentable para el sistema, tanto porque permita de nuevo generar ingresos en forma de cotizaciones, como porque reduzca gastos al sistema aminorando la pensión de jubilación; puede verse al respecto en el marco del Pacto de Toledo, el específico Informe sobre la compatibilidad de la percepción de la pensión de jubilación y la realización de una actividad (Informe nº5, 2012, Ministerio de Empleo y Seguridad Social) que aportó la propuesta de envejecimiento activo que se introdujo mediante RD-Ley 5/2013, y que ha pasado en la actualidad al art. 214 LGSS. Cabe señalar que la fórmula de envejecimiento activo se introdujo sin alterar las demás ya existentes y sin apariencia de constituir aquella reforma integral a que aludía la DA 37ª de la Ley 27/2011, según la cual *"El Gobierno presentará un proyecto de ley que regule la compatibilidad entre pensión y trabajo, garantizando el relevo generacional y la prolongación de la vida laboral, así como el tratamiento en condiciones de igualdad de las diferentes actividades...* ". En la actualidad, la existencia de diferentes regímenes, como el de jubilación flexible aplicable a pensionistas que trabajen por cuenta ajena (art. 213.1 LGSS) y el que permite compatibilizar la pensión de la persona jubilada con el trabajo por cuenta propia por el que obtenga ingresos inferiores al salario mínimo interprofesional (art. 213.4 LGSS), y la ausencia de coordinación entre ellos, provoca finalmente diferencias entre unos regímenes y otros y entre personas beneficiarias de la pensión según trabajen por cuenta ajena o por cuenta propia.

En este contexto de reformas, cabe mencionar entre las medidas que atañen a la jubilación activa, que las modificaciones introducidas por la Ley 21/2021 son las que retrasaron esta posibilidad al transcurso de un año por encima de la edad ordinaria de jubilación, pero por otro lado, con clara intención de fomentar esta vía, hacen desaparecer las exigencias de mantenimiento de nivel de empleo y para evitar el efecto sustitución que recogía el anterior apartado seis del art. 214 LGSS, que requería a las empresas no haber realizado despidos improcedentes en los últimos 6 meses en el mismo grupo profesional y mantener nivel de empleo durante la vigencia del contrato de la persona jubilada; exigencias ya desaparecidas. Y en relación al requisito que reduce considerablemente las posibilidades de su aplicación, la previsión para la próxima reforma de ajuste, que entrará en vigor previsiblemente el 1 de abril de 2025, es de eliminar la necesidad de tener el cien por cien de la base reguladora para entrar en su campo de aplicación.

En definitiva, se van eliminando obstáculos de acceso al envejecimiento activo en el régimen general, obstáculos que nunca se han considerado en el régimen especial del art.249 quater ni en su antecesor que regulaba el RD 302/2019 y por otro lado, en la próxima reforma ya pactada con los agentes sociales, se opta por un sistema que premia el retraso en el acceso a la jubilación activa articulando la posibilidad de compatibilizar mayor cuantía de la pensión cuanto mayor ha sido el tiempo de demora en el acceso a la jubilación, y además se podrá beneficiar del plus en la cuantía por demora previsto en el art. 210.2 LGSS (Acuerdo Social tripartito, julio 2024 y reforma por RD-Ley 11/2024, de 23 de diciembre, prevista para su entrada en vigor el 1 de abril de 2025). Como se ha señalado, el régimen particular del art. 249 quater ni pone limitaciones en relación a cómo ni cuando se ha accedido a la pensión, cabe incluso que hubiera sido de forma anticipada, sin perjuicio de que, en tal caso, la compatibilidad prevista se iniciará desde el momento en que cumpla la edad ordinaria; ni limita el porcentaje de pensión a obtener, siempre será el cien por cien. La única limitación considerable es que la actividad que se compatibilice sea única y exclusivamente la artística, conforme al apartado 1 del art. 249 quater, como ya vimos.

- Además del régimen del art. 214 LGSS, que presenta tantas limitaciones en comparación a las del art.

249 quater, otras opciones previstas en la normativa común al alcance también de todas las personas trabajadoras que reciban pensión de jubilación, ya sea reconocida por el Régimen General o ya sea por RETA, es la llamada jubilación flexible que permite compatibilizar una parte de la pensión con la realización de un trabajo por cuenta ajena a tiempo parcial dentro de los límites de jornada del art. 12.6 ET. A diferencia del régimen del art. 214 o del art. 249 quater, las cotizaciones durante esa situación de compatibilidad alcanzan a todas las contingencias de ahí que se tendrán en cuenta en el momento en que se acceda de nuevo a la jubilación total, pudiendo utilizarse tanto para reducir o eliminar coeficientes reductores en casos de jubilación anticipada, tanto como para aumentar la cuantía de la pensión (art. 8 RD 1132/2002). La cuantía a percibir de pensión durante la compatibilidad resultará de la aminoración de la misma en relación a la jornada contratada, se aminora *en proporción inversa a la reducción de la jornada de trabajo por el pensionista, en relación a la de un trabajador a tiempo completo comparables* (art. 6.2 RD 1132/2002).

- Otra de las posibilidades del régimen común a tener en cuenta ante la jubilación y la continuidad de la actividad artística profesional, cuando ésta se realiza por cuenta propia, es la aplicación del apartado 4 del art. 213 LGSS, régimen aplicable ya se esté percibiendo una pensión del Régimen General como del RETA (art. 318 LGSS). Este apartado permite compatibilizar la pensión de jubilación con la realización de trabajos por cuenta propia cuyos ingresos anuales totales no superen el salario mínimo interprofesional, en cómputo anual. Se trata de una situación de "carta blanca" sin ninguna exigencia, ni en relación al cómo ni cuándo se accedió a la pensión, ni tampoco de alta ni de cotización al RETA, y sin ningún efecto sobre la cuantía de la pensión (presente ni futura), por lo que, al ser más favorable, se convierte en primera opción cuando se dan los elementos necesarios tanto para estar en el campo de aplicación del art. 249 quater como para estar en el marco del art. 213.4 LGSS. En esta situación, sin desarrollo reglamentario alguno, deben derivarse al menos las obligaciones de comunicación al INSS sobre la realización de la actividad que impone el régimen común, a las que habría que añadir las de alta y cotización en el RETA únicamente si los ingresos que se prevé obtener superan en cómputo anual, el importe del salario mínimo interprofesional; consecuencia de la aplicación del art. 249 quater LGSS, previstas en el art. 310 bis LGSS (similares a las previstas en el art. 153 ter LGSS) es decir, obligación de cotizar únicamente por contingencias profesionales más la cuota de solidaridad del 9 por ciento que en este caso, recae toda ella sobre la persona trabajadora autónoma. En cambio, si no se prevé que los ingresos superen esa cuantía y mientras no lo hagan, la posibilidad de acogerse a la compatibilidad que prevé el art. 213.4 LGSS no conlleva ninguna otra obligación. El Criterio de gestión del INSS núm. 15/2023 señala que *desde el momento que los ingresos por actividad artística hayan alcanzado el importe del salario mínimo interprofesional, el trabajador tendrá que solicitar el alta y cotizar por contingencias profesionales conforme el artículo 310 bis.*

– Por último, siempre será posible que quien es pensionista de jubilación que pretende iniciar de nuevo una actividad, sea esta cual sea, puede optar por la solución clásica de suspender la pensión mientras tanto; opción actualmente menos favorable, pues no evita el alta y cotización en el régimen correspondiente, sin especialidades; y si la actividad a realizar es la artística, pues a todas luces es más conveniente el régimen del art. 249 quater que, accesible a todo tipo de pensionistas, permite la compatibilidad total a cambio de una mínima cotización. Si bien, en la situación de aquellas personas beneficiarias de pensión de jubilación anticipada y mientras tanto cumplen la edad de jubilación, momento en que ya podrán beneficiarse del régimen citado, la realización de un trabajo por cuenta ajena no calificable de trabajo a tiempo parcial, como lo será en la mayoría generalizada de trabajos del sector artístico, la única opción es la suspensión de la pensión.

Y en estos casos, se ha debatido en sede judicial, de qué manera debe procederse respecto de este tipo de trabajos que se desarrollan ocasionalmente y de manera intermitente. La solución ya era contemplada en la normativa del antiguo Régimen Especial de Artistas, en la que se señalaba que en materia de incompatibilidades en el disfrute de la pensión de jubilación, *se estará a lo dispuesto en el Régimen General, con la salvedad de que, cuando los trabajos desarrollados por el pensionista de jubilación fueran de los que dan lugar a la inclusión en este Régimen Especial, la pensión quedará en suspenso durante los días a los que corresponda la cotización conforme a lo dispuesto en el apartado 24.3* (art. 37 Orden 29 de noviembre de 1975 para la aplicación y desarrollo del Decreto 2133/1975, de 24 de julio, por el que se regula el Régimen Especial de la Seguridad Social de los Artistas); el apartado citado 24.3 recogía los días que se consideran cotizados y alta, considerando también a estos efectos los que resultan asimilados tras el ejercicio de regularización de las cotizaciones efectuadas. Sin embargo, la normativa de integración no recoge esta previsión, pudiendo haberlo hecho, y en sede judicial, salvo la STSJ de la Comunidad Valenciana de 6 de noviembre de 2001 (rec. núm.4175/1999), la gran mayoría de pronunciamientos hasta la fecha actual y provenientes de distintas sedes judiciales, han sido para señalar que la incompatibilidad debe considerarse únicamente respecto de los días efectivamente trabajados, entre otras STSJ País Vasco, de 14 de junio de 2011 (rec. núm. 1283/2011), STSJ Castilla-La Mancha, de 1 de febrero de 2018 (rec.71/2017), STSJ Cataluña, 22 de septiembre de

2020 (rec. 3995/2020), STSJ Baleares, de 23 de marzo de 2021 (rec. 400/2020), STSJ Andalucía, de 7 de junio de 2023 (rec. 3164/2021), STSJ Galicia, 27 de septiembre de 2023 (rec. 6644/2022). Planteados sendos recursos de casación ante el TS por el INSS, es desestimado por falta de contradicción en Sentencia de 16 de septiembre de 2020 (rec. 798/2018) e inadmitido por la misma causa en Auto de 29 de septiembre de 2020 (rec. 3418/2019).

La doctrina judicial mayoritaria y firme, alega con carácter general que a la pensión únicamente han de descontarle los días trabajados efectivos y no los asimilados resultantes de la regularización, en base a las reglas de interpretación conforme al art. 3.1 CC, la finalidad que la normativa de integración pretende con el reconocimiento de los días asimilados lo es "tanto para causar derecho a prestaciones como a efecto de completar el período mínimo de cotización exigible, para la determinación del porcentaje de la pensión de jubilación y para el cálculo de la base reguladora de las prestaciones", norma dirigida a beneficiar a los artistas entre otras cosas, en la determinación de su base reguladora, y que no debe utilizarse en perjuicio de sus derechos. Con la misma finalidad de mejorar la situación del colectivo para facilitar el acceso a las prestaciones se acoge la referencia al valor de los días asimilados en la normativa más actual, art. 36.1.10ª RD 84/1996. Nada tiene que ver por tanto esta normativa, con el régimen de incompatibilidad que rige la pensión de jubilación, no debiendo forzarse a una interpretación que iría en perjuicio de los derechos del colectivo; además, la normativa sobre jubilación prevé en el régimen del art. 213 como consecuencia ante una situación de simultaneidad de jubilación y trabajo por cuenta ajena, la minoración de la pensión atendiendo exclusivamente al tiempo dedicado al desempeño del trabajo, utilizando en esta argumentación la referencia al trabajo a tiempo parcial y a la jubilación flexible. Aunque cabe señalar que esta referencia es eliminada a partir de 1 de abril de 2024 por la reforma operada por RD-Ley 11/2024, que además anuncia un estudio y reforma de la jubilación flexible (disp adic. 2ª RD-Ley 11/2024).

9. LA PROTECCIÓN POR DESEMPLEO

La protección por desempleo para artistas ha sido una materia que solo recientemente ha sido objeto de atención en lo que al colectivo de artistas se refiere. La normativa de integración no añade grandes especialidades, aunque se infiere que quedaron pendientes desde aquellos años en que se produce la integración en el Régimen General, ya que, a diferencia del resto de prestaciones cuyas especialidades fueron reguladas por el RD 2621/1986, de 24 de diciembre y Orden de desarrollo de 30 de noviembre de 1987, la DA primera del citado RD 2621/1986 señala que por lo que respecta al régimen de desempleo de los colectivos integrados en el Régimen General *se estará a lo que establezca el Gobierno, mediante el Real Decreto que se dicte en desarrollo de la Ley 31/1984, de 2 de agosto, de Protección por Desempleo, con la finalidad específica de abarcar a los colectivos integrados.* Y ese Real Decreto que iba a ser el desarrollo para colectivos integrados se estaba publicando en el BOE en el mismo día, se trata del RD 2622/1986, de 24 de diciembre que regula la protección por desempleo a jugadores profesionales de fútbol, representantes de comercio, artistas y toreros integrados en el Régimen General de la Seguridad Social, cuyo art. 1 reconoce el derecho a las prestaciones por desempleo a los jugadores profesionales de fútbol, representantes de comercio, artistas y toreros, *en los términos regulados en la Ley 31/1984, de 2 de agosto, y en el Real Decreto 625/1985, de 2 de abril, por el que se desarrolla la Ley 31/1984, de 2 de agosto, de Protección por Desempleo...con las particularidades establecidas en la presente disposición.* Por tanto, en la actualidad en la que la Ley 31/1984 ya no se encuentra vigente, implica la aplicación de las condiciones reguladas para el Régimen General en el título III de la LGSS, y normas de desarrollo, con las únicas particularidades que señala el RD 2622/1986. Mediante el mismo, con solo tres artículos, *acceden a la protección por desempleo los colectivos profesionales de jugadores profesionales de fútbol, representantes de comercio y toreros, que carecían de esta protección en sus Regímenes Especiales de la Seguridad Social y mejoran su protección los artistas, mientras que los trabajadores ferroviarios, que ya estaban plenamente acogidos a la Ley 31/1984, de 2 de agosto, mantienen su situación* (exposición de motivos). En el caso de artistas (y toreros), el art. 3 señala las siguientes especialidades:

- Una respecto a la duración de la prestación por desempleo: estará en función de los días cotizados en los cuatro años anteriores a la situación legal de desempleo, o al momento en que cesó la obligación de cotizar, computados de acuerdo con lo establecido en los artículos 9º y 15º del Real Decreto de integración.
- La otra en relación a la base reguladora de la prestación: será el cociente entre las bases de cotización correspondientes a los ciento ochenta días anteriores a la situación legal de desempleo, y el número de días considerados como cotizados en dicho período.

Como ya se trató al analizar el alcance de los días asimilados, en el caso de la prestación por desempleo, el art. 3 del RD 2622/1986 viene a señalar que también para desempleo podrán computarse estos días asimilados. Y aunque se refiere únicamente al cómputo a efectos de la "duración" de la prestación, y no expresamente a la carencia o requisito de periodos cotizados para el acceso al derecho, no significa que no se les aplique también a estos efectos, pues responde a la redacción de la Ley 31/1984 de Protección por Desempleo vigente en el momento en el que aquel Real Decreto entra en vigor; en aquella redacción los periodos de "ocupación cotizada" se señalaban expresamente para el cómputo de la duración de la prestación, y por ello hemos de entender que en el art. 3 RD 2622/1986 aparece la referencia única a la duración, ya que no era necesario advertirlo para la carencia, respecto a la que, en aquellos momentos, el art. 5 de la Ley 31/1984 que regulaba los requisitos de acceso, no contenía alusión a periodos de "ocupación cotizada". Además, en la actualidad, esa alusión sigue en exclusiva en el artículo dedicado a la duración, y no tendría sentido mantener una solución para el cómputo de los periodos de acceso distinta de la que se aplique a los efectos de duración, pues respecto de ambos factores las reglas de cómputo son y siempre han sido homogéneas (art. 266 b) y 269.1 y 2 LGSS). Así se aplica por ejemplo en la STSJ de Madrid, de 6 de junio de 2000 (rec. 2171/2000).

Por otro lado, la referencia a los cuatros años anteriores responde a la regulación de la prestación por desempleo vigente en aquel momento, por lo que, la especialidad respecto del Régimen General que contempla el art. 3 RD 2622/1986 no viene referida a ese periodo de cuatro años, de ahí que una interpretación finalista lleva a considerar que será la que en cada momento esté establecida, actualmente el periodo de referencia es de los últimos seis años, y así debe aplicarse también a este colectivo.

En cuanto a la forma de cálculo de la base reguladora, el divisor formado por los días considerados como cotizados es la diferencia respecto al régimen común, con la finalidad de atender a la intermitencia propia de la actividad y ajustarla al tiempo exclusivamente cotizado incluyendo junto a los días reales de prestación de servicios los días asimilados, todos ellos responden a la terminología utilizada por el art. 3 RD 2622/1986 que se refiere a que la división debe realizarse entre "los días considerados como cotizados" en el periodo de los últimos 180 días anteriores a la situación legal de desempleo. La ley 31/1984 mencionaba en aquel momento que será el promedio de la base por la que se haya cotizado por dicha contingencia durante los seis meses últimos del período (art. 9); y esto, según desarrollo reglamentario vigente entonces *"se calculará dividiendo por 180 la suma de las cotizaciones por la contingencia de desempleo correspondientes a los últimos ciento ochenta días cotizados precedentes al día en que se haya producido la situación legal de desempleo o al del que cesó la obligación de cotizar"* (art.4 RD 625/1985). En la normativa actualmente vigente se mantiene similar fórmula a la de la Ley 31/1984, únicamente se ha sustituido la referencia legal a los "seis meses últimos", por "durante los últimos 180 días". La fórmula que utiliza el art. 3 del RD 2622/1986 se inspira por tanto en la del RD

625/1985, en la que el "promedio" a que se refiere la ley significa división entre 180 días, y es por tanto aquí donde radica la especialidad, como se ha señalado.

Cuestión a valorar es cómo les puede afectar el régimen común de la prestación vigente en este momento. Cabe recordar que la ponderación a realizar en el momento de calcular los topes de la prestación que regula el art. 270.3 LGSS, regulación muy posterior al RD 2622/1986, según la cual, las cuantías máximas y mínimas se determinarán teniendo en cuenta el IPREM calculado en función del promedio de las horas trabajadas durante el periodo de los últimos 180 días *ponderándose tal promedio en relación con los días en cada empleo a tiempo parcial o completo durante dicho periodo.* Resulta complicado plantearse cómo hacer este cálculo para que lo que se ha mejorado en relación a la determinación de la base reguladora, no se pierda en su totalidad en el momento de calcular dicha ponderación a efectos de determinar el tope máximo aplicable a la prestación por desempleo.

En sede judicial las cuestiones interpretativas han girado en torno a las situaciones de continua suspensión de la prestación por la realización de trabajos de forma intermitente. En la mayoría de ocasiones procederá aplicar el régimen previsto en el art. 271 LGSS, ya que ante una contratación sobrevenida en el ámbito artístico lo habitual es que ni sea a tiempo parcial ni sea superior a doce meses; en tal situación el art. 271.1.d) LGSS, modificado recientemente por RD-Ley 2/2024, lleva a aplicar la suspensión de la prestación por desempleo durante los días que dure el trabajo que la interrumpe y procederá su reanudación posterior en el momento vuelva a encontrarse en situación legal de desempleo, sin que ello afecte al período de percepción de la prestación (art. 271.3.b) LGSS). La discontinuidad y la intermitencia en la percepción de la prestación por desempleo ha de considerarse lo habitual en este sector, no es de extrañar por ello que la flexibilización de los trámites para llevar a cabo esta gestión fuese una de las reivindicaciones plasmadas en el Informe de la subcomisión parlamentaria (apdo. 53). Aplicar este régimen al colectivo implica nuevamente plantearse cómo deben considerarse a estos efectos los periodos asimilados que se añaden a los de prestación efectiva de servicios, si deben considerarse tiempo de espera tras la extinción del contrato para considerar nuevamente la situación legal de desempleo o si ésta ya procede considerarla y por tanto ya procede la reanudación de la prestación desde la extinción efectiva. Sobre el momento en que debe entenderse producido el hecho causante no hay especialidad alguna y según la normativa actual procede cuando se extinga su relación laboral (art. 267.1.a) 6º LGSS), por lo que, a falta de especialidad, en sede judicial se ha interpretado, como se señaló en el apartado anterior dedicado a la problemática respecto a prestaciones concretas, al que me remito en este momento, que sería absurdo extender el periodo cotizado a tener en cuenta más allá de la fecha de extinción del contrato, *carece de toda lógica y choca frontalmente con el espíritu y filosofía de la protección por desempleo que pudiera tomarse en consideración un periodo en el que el beneficiario ya se encontraba en situación legal y real de desempleo* (STSJ de Madrid de 4 de marzo de 2004, rec. 602/2004).

Por otro lado, la dificultad de reunir el periodo de cotización necesario para el acceso a la prestación contributiva, hace de uso más generalizado el recurso al subsidio por desempleo en las situaciones legales de desempleo; esta modalidad de subsidio, tras la reforma por RD-Ley 2/2024, relaja los requisitos de acceso bastando ahora con noventa días cotizados (art. 274.1.b) LGSS) se tengan o no responsabilidades familiares, si bien, la duración ahora se establece también en función del periodo de ocupación cotizada que acredite y, en su caso, de si tienen o no responsabilidades familiares (art. 277.2 LGSS).

Siguiendo con la regulación del régimen común de la prestación y subsidios por desempleo y su aplicación al colectivo objeto de estudio, la posible compatibilidad de la prestación o subsidio con la actividad artística tiene mejor encaje en el comentado régimen de suspensión, ya que la opción voluntaria de compatibilizar con el trabajo a tiempo parcial prevista en el art. 282.2 LGSS que implica aminorar la prestación en proporción al tiempo trabajado, no será la situación habitual en este colectivo; y en relación al subsidio, la necesidad de mantener el requisito de carencia de rentas también dificulta la compatibilidad. Si bien, debe llamarse la atención sobre la nueva situación de compatibilidad que se introduce por RD-Ley 2/2024 para la interrupción del subsidio por desempleo, al que aplicándose igualmente el art. 271 LGSS, sin embargo, como excepción a la mera suspensión del subsidio de la letra d), y para quienes percibiendo subsidio por desempleo inicien una relación laboral, se señala que el subsidio se compatibilizará como complemento de apoyo al empleo (art. 282.3 LGSS), diseñando un mecanismo en el que el subsidio se transforma en un complemento económico que va aminorándose por trimestres a medida que va transcurriendo la duración reconocida, pero que es compatible con las rentas obtenidas (art. 275.5 d) LGSS). Asimismo, similar mecanismo está previsto aplicar a la prestación contributiva por desempleo superior a doce meses de duración, en los términos de la DA 59ª LGSS, a partir del 10º mes de devengo, con diferente régimen en función de si la prestación se ha reconocido ante o después del 1 de abril de 2025, previa solicitud de la persona beneficiaria en el primero de los casos o con posibilidad de desistir de la compatibilidad en el segundo de ellos. En cualquier caso, parece que la no opción por la compatibilidad o el desistimiento de la misma, permite aplicar el régimen común, situación que no se ha previsto para el caso del subsidio en el que el régimen de compatibilidad del art. 282.3 LGSS se aplica automáticamente.

Según este régimen, por una duración máxima de 180 días, o con el tope de la duración del subsidio, si fuera menor, se podrá compatibilizar su percepción con el trabajo por cuenta ajena, sin que las rentas obtenidas interfieran en este derecho; y está previsto que esos 180 días puedan percibirse *en uno o sucesivos periodos de compatibilidad*, con el límite del número de días que le resten para percibir la duración máxima del subsidio. Aunque es una regulación muy reciente, los 180 días parece que se computan no como días naturales, sino como días que se permiten de trabajo mientras se percibe el subsidio, por eso se le denomina "complemento" de apoyo al empleo; a cambio, la cuantía percibida durante esos días de compatibilidad podría ser menor, dependiendo del trimestre en que se encuentre el perceptor respecto al inicio del subsidio. Si bien, es un régimen sobre el que se plantean dudas si nos imaginamos su aplicación a este colectivo con interrupciones cortas y separadas en el tiempo, especialmente porque el complemento va ligado a cada relación laboral que surja, "se percibirá mientras se mantenga la relación laboral que lo originó", va consumiendo igualmente el subsidio y la extinción de la relación laboral que haya originado el complemento de apoyo al empleo, que deberá ser comunicada a la entidad gestora en el plazo de los quince días hábiles siguientes, "implicará la suspensión del subsidio, que podrá reanudarse sin compatibilidad previa solicitud del interesado siempre que acredite situación legal de desempleo e inscripción como demandante de empleo y que cumpla los requisitos de carencia de rentas o de responsabilidades familiares" (sexto párrafo del art. 283.3 LGSS). Un régimen en definitiva, que, aunque es pronto para conocer exactamente el alcance de esta novedad, se trata de un proceso que podría resultarles ventajoso aunque puede también generarles una excesiva burocratización.

9.1. La prestación especial por desempleo

La especialidad en materia de desempleo se ha regulado por fin regulando una específica prestación en la DA 51ª LGSS, incorporada por RD-Ley 1/2023, de 10 de enero, de medidas urgentes en materia de incentivos a la contratación laboral y mejora de la protección social de las personas artistas.

Incluye en su campo de aplicación a las personas sujetas a la relación laboral especial, tanto a las dedicadas a las actividades artísticas como a las actividades técnicas o auxiliares necesarias para su desarrollo. Efectivamente, para la protección por desempleo basada en la irregularidad e intermitencia de la actividad de este colectivo no podían quedar al margen el personal técnico o auxiliar respecto al cual, además, ya por razones de la alarma sanitaria por Covid-19, fue objeto de atención y protección específica, como lo fueron otros colectivos y se articuló un subsidio por desempleo coyuntural, excepcional y específico también para personal técnico y auxiliar del sector cultural (art. 3 RD-Ley 32/2020). En el caso de las personas artistas también fueron objeto de protección específica, regulándose la posibilidad de acceso extraordinario a la prestación por desempleo, sin necesidad de que se encontraran en alta ni situación asimilada al alta y acreditando 20 días de alta real en el año anterior era suficiente (art. 2 RD-Ley 17/2020)

En este caso se regula de forma permanente y estructural, ocupando para ello una disposición adicional en el texto de la LGSS, lo cual contribuye nuevamente a la dispersión normativa. Como se verá, se trata de una prestación a medio camino entre las características de la prestación contributiva y las de los subsidios, por compartir elementos clave con éstos como son que se requiera, entre otras cosas, no tener derecho a la prestación contributiva de desempleo y el hecho de que su cuantía se fija con referencia al IPREM. Por último, señalar que la existencia de esta prestación especial no impide la posibilidad de acceder a las contempladas en el Título III, si se cumplen los requisitos generales.

9.1.1. Requisitos de acceso

Se exigen como condiciones de acceso a esta prestación, las siguientes (apdo. 2 DA 51ª LGSS):

- No tener derecho a la prestación contributiva por desempleo del título III, con la salvedad prevista en el apartado 3, que es el caso de quienes ya la tienen reconocida, pero se encuentra en fase de suspensión, pudiéndose en ese caso y cumpliendo los requisitos, optar por ésta quedando extinguida la prestación contributiva.

- Cumplir todos los requisitos establecidos en el art. 266 LGSS para la prestación contributiva por desempleo, excepto el previsto en su letra b), es decir, no cumplen el requisito de cotizaciones de 360 días en los 6 años anteriores a la situación legal de desempleo o al momento en que cesó la obligación de cotizar.

Por tanto, no pueden acceder a la prestación contributiva (requisito uno) por faltarles, exclusivamente, el periodo que se exige de cotización (requisito dos). Sí se exigen los demás: la situación de alta o asimilada, la inscripción como demandante de empleo, encontrarse en situación legal de desempleo, suscribir el acuerdo de actividad y no tener cumplida la edad ordinaria de jubilación, salvo que no acredite el periodo de cotización requerido.

- Acreditar 60 días de alta con prestación real de servicios en la actividad artística en los 18 meses anteriores a la situación legal de desempleo o al momento en que cesó la obligación de cotizar. Al igual que para la prestación contributiva, se exige que esas cotizaciones no hayan sido ya computadas para el reconocimiento de un derecho anterior.

  Si no se cumpliera este requisito que, como se aprecia, no incluye como válidos a estos efectos los días asimilados, al referirse expresamente a que los 60 días han de ser de "alta con prestación real de servicios", se articula un requisito de cotizaciones alternativo: cotizaciones en el Régimen General, por alta con prestación real de servicios en la actividad artística o por regularizaciones anuales ya realizadas, durante un periodo mínimo de 180 días, dentro de los 6 años anteriores a la situación legal de desempleo o al momento en que cesó la obligación de cotizar, que no hayan sido computadas para el reconocimiento de un derecho anterior.

En cualquiera de las dos alternativas cabe llamar la atención que las únicas cotizaciones computables son las realizadas en la actividad artística, aunque habrá que entender también las técnicas y auxiliares respecto de este otro colectivo.

La alternativa consiste en poder computar también los días asimilados fruto de regularizaciones "ya realizadas", dejando la exigencia en 180 días en lugar de los 360 que en el mismo periodo se exigen para el acceso a la prestación contributiva. El hecho de señalar que las regularizaciones son las "anuales ya realizadas", parece indicar que no se procederá, a los efectos de generar derecho a esta prestación, a la regularización del tiempo inmediatamente anterior al hecho causante que aún no ha sido objeto de regularización anual y que respecto del año en curso solo computarían los días de prestación real de servicios. Si es así, los efectos serán la posible existencia de cotizaciones del año en curso, surgidas en el momento de la regularización anual, que no afectarán al derecho a la prestación ni habrán sido tenidas en cuenta para su acceso. Esta precisión conecta con el apartado 4 de la DA 51ª, según el cual, sin perjuicio de lo recién señalado, no podrán computarse para el reconocimiento de un derecho posterior las cotizaciones acreditadas en los seis años anteriores a la fecha de la situación legal de desempleo o al momento en que cesó la obligación de cotizar, incluyendo las correspondientes a posibles regularizaciones que pudieran efectuarse con posterioridad a dicho reconocimiento, hayan sido o no computadas para el acceso a la prestación especial.

Desafortunada redacción que parece indicar que lo no computable para prestaciones futuras es todo lo que quede cotizado, o integrado tras la regularización anual, por detrás del reconocimiento del anterior derecho, ya sean tiempos de prestación real de servicios como periodos asimilados, aunque no hayan sido computados para acceder a él, pero tal interpretación estricta únicamente se predica respecto de la prestación especial. Nada debería impedir que, si el derecho siguiente es a la prestación o en su caso, subsidio del Título III, en las que se tendrán en cuenta también posibles cotizaciones por la realización de otro tipo de trabajos por cuenta ajena, las no utilizadas para la prestación especial puedan ser tenidas en cuenta. Mientras que, si el futuro derecho también es a otra prestación especial, no se excluyen y podrán computarse los periodos cotizados posteriores a la situación legal de desempleo del año en que se accedió a la anterior prestación especial, tanto los de trabajo efectivo como los que correspondan al resultado de la regularización anual.

- Se exige además como requisito que haya transcurrido un año, al menos, desde la fecha de extinción de la anterior prestación especial por desempleo (apdo. 9 DA 51ª LGSS). Límite temporal aplicable únicamente cuando las prestaciones sean de esta misma naturaleza especial.

9.1.2. Nacimiento, duración y cuantía

De forma similar a las prestaciones del Título III, se establece el plazo de quince días siguientes a la fecha de la situación legal de desempleo en la actividad, cuyo cumplimiento llevará a que el derecho nazca al día siguiente; en cambio, si se solicita transcurrido dicho plazo, tendrá derecho a reconocimiento a partir de la fecha de solicitud, perdiendo tantos días de prestación como medien entre la fecha en que hubiera tenido lugar el nacimiento de solicitarse en tiempo y forma, y aquella en que efectivamente se hubiese formulado la solicitud (apdo. 5 DA 51ª LGSS).

La cuantía será igual al 80 por ciento del IPREM mensual vigente en cada momento, salvo cuando la media diaria de las bases de cotización correspondientes a los últimos sesenta días de prestación real de servicios en la actividad, sea superior a 60 euros, en cuyo caso la cuantía será del 100 por cien del IPREM. Denota el carácter asistencial al recurrirse al IPREM para fijar una cuantía igual a la del subsidio por desempleo antes de la reforma por RD-Ley 2/2024, aunque con la posibilidad de alcanzar el cien por cien en el caso señalado. Tras la citada reforma, la cuantía del subsidio general ha mejorado, y esta prestación especial, que tiene por finalidad conceder a este colectivo un subsidio al que poder recurrir con más facilidad que al general, debería adecuarse al mismo al menos, en términos de cuantía; según la actual redacción del art. 278 LGSS, el subsidio será, respecto al IPREM mensual, el 95 por ciento durante los 180 primeros días, el 90 por ciento desde entonces hasta el día 360, y el 80 por cien a partir del día 361 de subsidio. Debería modificarse para alcanzar al menos la cuantía del 95 por ciento, salvo que corresponda el 100 por cien.

La duración de esta prestación, igual para todas las personas beneficiarias, es de 120 días (apdo. 6). Y, como se ha señalado, deberá transcurrir un año desde su extinción para poder acceder a otro derecho a esta prestación especial. Cabe destacar que, durante el transcurso de la misma, la entidad gestora cotizará por jubilación, utilizando la base mínima de cotización del grupo 7 del Régimen General (apdo.8), diferencia también importante respecto del régimen común del subsidio, en el que cuando se cotiza a jubilación por la entidad gestora, caso del subsidio para mayores de 52 años, al que este colectivo difícilmente accede por la dificultad de reunir los requisitos, la cotización se realiza, antes y después de la reforma por RD-Ley 2/2024, tomando por base el 125 por ciento del tope mínimo de cotización según el art. 280.9 LGSS, en el que además se señala que el Gobierno podrá extender a otros colectivos de trabajadores lo dispuesto en este apartado. No parece justificable de manera objetiva y razonable, que en esta materia no haya unidad en todos los casos en los que se establezca la obligación a la entidad gestora de cotizar para jubilación en favor de personas desempleadas que acceden a una prestación tipo subsidio por desempleo (llámese como se quiera llamar), y que se establezca una base de cotización distinta en función del colectivo.

9.2. Situaciones de incompatibilidad y relación con las prestaciones por desempleo del Título III LGSS

En esta materia la normativa de compatibilidad con el trabajo no ha sido actualizada para ajustarse a la tendencia que inspira la reforma por RD-Ley 2/2024, que, como ya se ha tratado, favorece la compatibilidad con el objetivo de no penalizar la incorporación al trabajo articulando el llamado complemento de apoyo al empleo previsto en el art. 282.3 LGSS y DA 59ª LGSS.

El apdo. 12 de la DA 51ª LGSS señala que la prestación especial *será incompatible con el trabajo por cuenta propia, aunque su realización no implique la inclusión obligatoria en alguno de los regímenes de la Seguridad Social, o por cuenta ajena o con cualquier otra prestación, renta mínima, renta de inclusión, salario social o ayudas análogas concedidas por cualquier Administración Pública. No obstante lo anterior, sí será compatible con la percepción de derechos de propiedad intelectual y derechos de imagen.* Se diseña un régimen rígido de incompatibilidad si lo comparamos con el del art. 282 LGSS tanto en su redacción actual como con el régimen anterior a la citada reforma. La especialidad de que este colectivo pueda percibir derechos de propiedad intelectual y derechos de imagen al menos ha sido incorporada para no obstaculizar el mantenimiento de la prestación especial para cuyo acceso, cabe recordar, no se exige requisito de carencia de rentas. En cuanto a los efectos sobre la misma cuando la interrumpa cualquier actividad, aunque sea la artística o técnica, serán aplicables las causas de suspensión y extinción previstas para la prestación contributiva en el Título III LGSS, ya que, en un último apartado, la DA 51ª LGSS señala que *en lo no previsto en esta disposición, serán de aplicación a la prestación especial regulada en la misma, las normas contenidas en el título III... a excepción del capítulo III*, capítulo que regula el nivel asistencial o subsidios. Por tanto, conforme al art. 271.1 LGSS, letra d), entre otros aspectos, la prestación se suspenderá por la realización de un trabajo por cuenta ajena inferior a doce meses de duración, y se reanudará a su extinción.

Además, en la tendencia a ampliar las situaciones de compatibilidad que rige la reforma realizada por RD-Ley 2/2024 en el título III de la LGSS, se ha incorporado expresamente la compatibilidad de prestación y subsidios con la realización de prácticas formativas, prácticas académicas externas incluidas en programas de formación profesional o programas de formación en el trabajo (art. 282.5 LGSS), compatibilidad que por la rigidez del apartado 12 citado no parece que pueda mantenerse para este colectivo cuando perciba esta prestación especial, lo cual redunda claramente en perjuicio de su necesaria y continua formación.

Por último, la DA 51ª aclara cómo debe relacionarse esta prestación especial con la protección por desempleo regulada en el Título III. Como se ha señalado, para acceder a la prestación especial se exige no tener derecho a la contributiva por falta del periodo de cotización exigido, lo que significa que teniendo derecho ésta es preferente. En cambio, excepcionalmente se contempla la situación de que, iniciado el derecho a la prestación contributiva de desempleo, si ésta se encontrara en suspenso, por ejemplo, interrumpida por un trabajo conforme al art. 271.1.d), pueda en lugar de reanudarse, optar por percibir la prestación especial generada por las nuevas cotizaciones efectuadas, si acredita los requisitos necesarios, en cuyo caso, la prestación contributiva quedará extinguida. Se articula así un mecanismo que permite ejercitar el derecho de opción sin exigir para ello que la duración de la prestación por desempleo sea superior a doce meses y sin que se produzcan los efectos negativos que se prevén en el régimen común de no optar por la segunda (art. 269.3 LGSS). Obviamente, el salto a la prestación especial y abandono de la contributiva se realizará cuando así resulte más beneficioso atendiendo a las circunstancias de cada caso, y a que al término de la especial pueda o no abrir un subsidio del nivel asistencial, al respecto, el apdo. 11 de la DA 51ª contempla dos situaciones que permiten llegar a las siguientes conclusiones:

- Por regla general, el agotamiento de la prestación especial no constituye un supuesto de acceso a los subsidios previstos en el art. 274.1.a), ni al de mayores de 52 años, mientras que el agotamiento de la prestación contributiva sí. Por tanto, atendiendo a la edad, duración de la prestación contributiva y a si se tienen o no responsabilidades familiares, para quienes agotan la prestación contributiva será más atractivo el subsidio previsto en el art. 277.1 que puede ser, según los casos, de entre 6 y 30 meses de duración, y cuya cuantía, como vimos, es prácticamente superior a la de la prestación especial.
- No obstante, como excepción, para acceder al subsidio del art. 274.1.a) o al de mayores de 52 años, tras extinguir la prestación especial, se requiere que la prestación contributiva haya sido previa a la especial y haya sido agotada: *en el caso de haber percibido la prestación especial tras haber agotado una prestación contributiva, se podrá acceder al subsidio por agotamiento de ésta, siempre que se solicite en el plazo de doce meses siguientes a dicho agotamiento.*

En definitiva, las cotizaciones realizadas durante las interrupciones de la prestación contributiva de desempleo o del subsidio por realización de actividad artística o técnica, una vez extinguida ésta, pueden utilizarse para acreditar el derecho a la prestación especial, y si son suficientes, iniciarse ésta cuando cumpla el requisito de encontrarse nuevamente en situación legal de desempleo. Pero también, se puede acceder a los subsidios del art. 274 LGSS si se cumplen los requisitos, ya sea tener responsabilidades familiares o, alternativamente, carencia de rentas superiores al 75% del salario mínimo interprofesional, caso en que computarían las derivadas de la propiedad intelectual y derechos de imagen, y en su caso, cotizaciones mínimas de noventa días contando no solo las artísticas, en el supuesto de la letra b). Por otro lado, la posibilidad de acceder a estos subsidios previstos en el art. 274 LGSS permite, como ya vimos, que puedan compatibilizarse con el trabajo, cabe entender que también con las cantidades que se perciban en concepto de propiedad intelectual y derechos de imagen, en el modo complemento de apoyo al empleo durante 180 días o lo que dure el subsidio si fuera menor (art. 282.3 LGSS), compatibilidad que no permite la prestación especial que se suspenderá cada vez que se inicia una prestación laboral.

Bibliografía

ALZAGA RUÍZ, ICIAR (2018). Propuestas de mejora de la situación sociolaboral de los artistas en espectáculos públicos. *Revista Española de Derecho del Trabajo,* nº 203.

ALTÉS TÁRREGA, JUAN A. (2018). *Nuevas manifestaciones de cooperativismo asociado: los autónomos esporádicos,* Ed. Tirant lo Blanch.

ALTÉS TÁRREGA, JUAN A. y GARCÍA TESTAL, ELENA (2017). *Contrato de trabajo y propiedad intelectual de los artistas musicales,* Ed. Tirant lo Blanch.

ALTÉS TÁRREGA, JUAN A, ARADILLA MARQUÉS, MARÍA JOSÉ y GARCÍA TESTAL, ELENA (2022). La Relación laboral especial de artistas tras el Real Decreto Ley 5/2022. *Lex Social, Revista de Derechos Sociales, Vol.12,* nº2

ARADILLA MARQUÉS, MARÍA JOSÉ (2017). Jubilación, trabajo y escritores de libros. La compatibilidad entre pensión y trabajo: una reforma pendiente. *Rev. Derecho de las Relaciones Laborales,* nº9.

CASAS VILLODRE, PILAR (2009). Representatividad sindical en los sindicatos profesionales. En especial en la relación laboral especial de los artistas en espectáculos públicos. *Rev. de Trabajo y Seguridad Social, CEF.* Nº 320.

DESDENTADO DAROCA, ELENA (2013). *La protección social de los artistas y de los profesionales taurinos,* Ed. Bomarzo.

GARCIA MURCIA, JOAQUÍN y RODRÍGUEZ CARDO, IVAN A. (2009). Las actividades artísticas como zonas de frontera del Derecho del trabajo, *Rev. del Ministerio de Trabajo e Inmigración,* nº 83.

HERNÁNDEZ MARTIN, D. (1972). Régimen Especial de los Artistas, *Diecisiete Lecciones sobre Regímenes Especiales de la Seguridad Social,* Facultad de Derecho, Universidad de Madrid, 1972, p. 458 y ss.

HURTADO GONZÁLEZ, LUIS. (2006) *Artistas en espectáculos públicos, Régimen laboral, propiedad intelectual y Seguridad Social,* Ed. La Ley, p. 597.

MURCIA MOLINA, SONIA (2013), Incongruencias de la legislación de artistas en espectáculos públicos, *Anales de Derecho*, nº 31.

SIMÓ-NOGUERA, CARLES X., FERNÁNDEZ ARTIACH, PILAR y ROMERO- CRESPO, JUAN A. (Ed.). (2021). *Brechas de Género y Pensiones,* Tirant lo Blanch.

tirant
PRIME

Inteligencia jurídica
en expansión

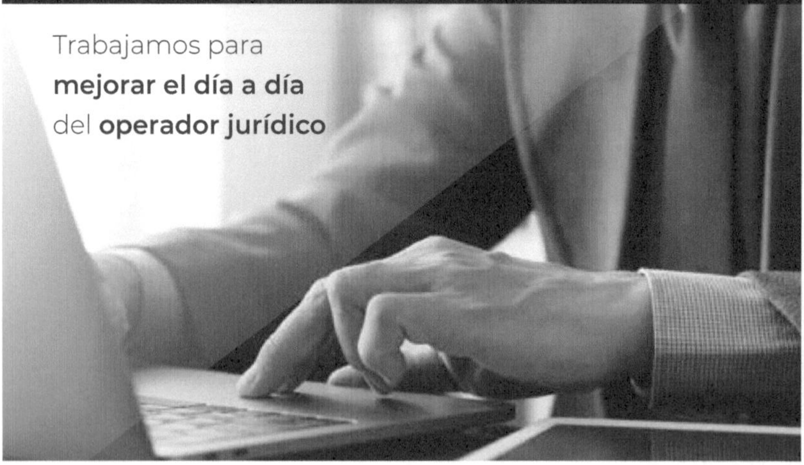

Trabajamos para
mejorar el día a día
del **operador jurídico**

Adéntrese en el universo
de **soluciones jurídicas**

prime.tirant.com/es/